上海交大安泰经管学院MBA指定教材
世界500强企业培训推荐读物

U0654121

顶级商学院的
36堂 职场沟通课

从不会表达 到演讲高手

陈璋 著

上海交通大学出版社
SHANGHAI JIAO TONG UNIVERSITY PRESS

内容提要

    商务演讲是商业世界里最重要、最高层次的展现方式。在产品推广、项目运作、招商投资等各项商业活动中，都发挥着极为重要的作用。本书中的36堂课，全部来自职场的真实案例。全书用通俗易懂的语言和简单实用的工具，帮助读者快速提升商务演讲能力，提升对客户的影响力和在团队中的领导魅力。

图书在版编目（CIP）数据

顶级商学院的36堂职场沟通课：从不会表达到演讲
高手 / 陈璋著 . —上海：上海交通大学出版社，2018（2020重印）
ISBN 978-7-313-18851-9

Ⅰ.①顶… Ⅱ.①陈… Ⅲ.①人际关系学 Ⅳ.
①C912.11

中国版本图书馆CIP数据核字（2018）第013539号

顶级商学院的36堂职场沟通课
——从不会表达到演讲高手

著　　者：陈　璋
封面题字：陈冠军
插　　画：Misa
出版发行：上海交通大学出版社   地　　址：上海市番禺路951号
邮政编码：200030   电　　话：021-64071208

印　　制：苏州市越洋印刷有限公司   经　　销：全国新华书店
开　　本：710mm×1000mm　1/16   印　　张：18.75
字　　数：273千字
版　　次：2018年2月第1版   印　　次：2020年7月第4次印刷
书　　号：ISBN 978-7-313-18851-9
定　　价：58.00元

版权所有　侵权必究
告读者：如发现本书有印装质量问题请与印刷厂质量科联系
联系电话：0512-68180638

序

　　沟通在工作以及生活中的重要性无须赘言，由于沟通不畅导致的职场失利或者家庭纠纷也比比皆是。在日常实践中，怎么样进行有效的沟通从而让任务完成得更加顺利或者关系变得更加融洽？这本书是一位在实践领域内有着丰富经验并且勤于思考的作者的力作。他针对工作生活中的具体场景，提出行之有效的沟通策略，将给您带来全新的启发和可行的方案。

　　沟通过程往往包括理性和感性两个方面内容的交流。理性和感性内容通过不同的形式传达，对于沟通结果也会产生不同的影响。在沟通时，预先判断对方是更需要理性交流，抑或感性交流，这一步非常重要。在求职面试中，可能更多需要理性证据的呈现；而在解决家庭争端时，感性交流往往会起关键性的作用。

　　本书从这一角度出发，提出了很多非常有价值的观点和策略。要想成为一个沟通高手，需要你能够把握沟通的局势、了解对方的需求、事先设定好沟通的目标，控制和运用好自己的情绪。这些锻炼，事实上不仅仅会帮助你成为沟通上的高手，也会对其他方面产生积极的影响。

　　本书的作者具有在沟通演讲方面的天赋，并长期在这一领域内从事培训等实践工作，在多家商学院为MBA同学讲授沟通管理的课程，深受MBA同学的欢迎。总而言之，相信这本书将会成为您职场成就和生活幸福的有力助推剂。

张新安　教授

上海交通大学安泰经济与管理学院MBA项目主任

自 序

虹桥机场的休息室里灯火通明，来来往往的西装革履的成功人士正焦急地等着航班。我坐在窗口看着起起落落的飞机，微信上一次又一次跳出学生们发来的信息：

"CZ老师，我们公司下个月有一个重要的产品投标会，能否请您帮我们做一次培训？"

"CZ老师，下周公司有一个峰会，我要做主持，能请您来给我辅导吗？"

"CZ老师，下周我要在大领导面前汇报工作，急死了，您能教我几招吗？"

每天，我都会遇到这些来自职场人士的求助。

我是陈璋，上海交通大学安泰经管学院MBA课程教授，英国管理公会IPMA认证的国际职业培训师，世界500强企业高管演说导师，大家都叫我"CZ老师"。迄今为止，我已经为全国几百家企业的几千名管理者和几万名员工提供过培训和辅导，帮助他们在职场中脱颖而出。

在过去十几年的职场生涯中，我常常穿梭于中美两个国家之间。我发现现代中西方文化最大的差异，就是演讲表达能力。传统的中国文化，引导人们向儒雅而含蓄，乃至羞于表达的方向发展。而西方文化，却是以擅长对外表达和交流的个性特征为主。再加上当前我国语言教育框架的设计，更多的是以读和写的训练为主，或多或少地忽略了听与说的能力。所以我亲眼见证了演讲能力这个短板，给太多太多的人带来职场上的"尴尬"，使得他们不得不一次又一次地与升职加薪擦肩而过。

我认为自己的经历很有代表意义。从小，我传承父亲的衣钵，专心研习理科,然后进入上海交通大学,本科和研究生学的都是物理专业。而当我去美国进修学习量子物理专业的时候,才蓦然发现,原来自己真正的强项不在抽象的科学研究上,而在人类最基本的情感需求上——表达与沟通。回国后,我又加入了著名的高科技企业英特尔公司,经历了长达七年的从工程师到产品研发,再到项目经理的职业生涯。在外企,我看到许许多多的中国员工在演讲能力上与外籍员工形成的鲜明反差。我百感交集:其实演讲没有想象的那么难,只是这些表达和沟通的核心竞争力,一直是学校不教,而职场必需的!于是我决定放弃自己从事多年的技术相关工作,重新进入一个全新职业——培训师。

在担任德国蒂森克虏伯集团亚太培训学院的高级管理培训师期间,我把研究重点放在了表达和沟通上。演讲和表达能力,是我们中国人的一个突出短板,也阻碍了很多人的职场发展。从学校毕业到踏上工作岗位,我们就不得不面临一次又一次的上台发言机会,但是我们没有接受过系统的演讲表达培训,导致我们无法在不同的工作场合中充分表达自己的观点、表现自己的能力。

作为一名演讲培训师,我想通过本书的 36 堂课,把我积累几十年的职场必备的商务演讲能力,以及大量的经验方法和技巧,掰开了,揉碎了,用通俗易懂的语言和鲜明生动的案例,简单实用的工具,呈现在你的面前。你得到的全部都是干货,所有的案例都来自真实的职场。

希望通过本书,能链接到更多急迫需要学习演讲的朋友,带给你们一场思想和表达的盛宴。让我用最简单实用的演讲技巧,帮你快速上手,把你塑造成自信、有说服力且具有个人魅力和强大气场的职场达人,带领你快速走上职场成功之路。

在这里,我要特别感谢上海交通大学安泰经管学院 MBA 项目主任张新安教授,上海交通大学出版社董事长谈毅老师对本书的大力支持。借着我给交大安泰 MBA 同学开设正式课程的机会,把我多年的演讲培训经验集结成书,作为大家的课程专用教材。感激我的助理团队,这一年来和我一起挑灯夜战,搜集了大量资料和职场案例,使得这本书不仅能够成为 MBA 课堂文字阅读资料的补充，还能帮助到很多的职场年轻人，通过对本书的学习，不断提高职场的实战经验。

我要感谢我的母校——上海交通大学。在上海交大本科和研究生的多年学习生活，基本奠定了我的人生价值观和职业观。虽不敢说今天的自己有多少成就，但是为人处事、安身立命的原则和态度，都来自母校的恩泽与启发。我也定当尽我绵薄之力，为母校的发展，为同学们的未来，贡献自己最大的力量。

我还要感谢我的父亲，为本书的封面题字。父亲是上海交大毕业的老校友，和我同为两代交大人，他的言传身教，身体力行，也深深地改变了我的人生。他隽永有力的书法，我难以超越，希望在未来的日子里，能用个人的一点成绩，来回报他的养育之恩。

感谢我的插画师Misa。远在西班牙的她，几个月来和我一起打磨每一课内容的插画，把每一课的精华，用她奇妙的画笔，在iPad上变成简单而又易理解的手绘图，帮助读者理清思路，以更好地吸收本书的内容。

最后要感谢各位读者。读书在于缘分，感恩能与此书结缘的朋友们。愿我能通过此书，与您成为朋友，在职场中共同进步、共同成长。谢谢大家！

前言：为什么人人都要学演讲

听到"演讲"两个字，我们最先想到的可能是马丁·路德·金在广场上面对万人的 *I have a dream*，或者特朗普激烈的竞选演说，或者马云的激情创业演讲。

其实演讲不一定是那样的，演讲离我们每个人都很近：

面对领导，你需要工作汇报，年终述职；

面对客户，你需要销售谈判，处理投诉；

面对同事，你需要会议发言，项目沟通；

面对下属，你需要主持会议，激励团队。

这些不都是演讲的场合吗？除了企业白领需要演讲，其他人也都需要。学生需要求职面试；警察需要审问犯人；空姐需要安抚乘客；医生需要处理医闹；创业者需要说服投资人。

无论是在哪个年龄层，哪个行业领域，都离不开职场演讲。而演讲能力恰恰又是中国教育体系中比较缺失的模块，当自己真正去面对这些需要演讲的场景时，却常常感到无从下手，力不从心。

"为什么我在台下和同事很能侃，上了台就变哑巴了？"

"为什么领导总说我的工作汇报条理不清，没有重点？"

"领导刚在厕所门口看到我，叫我去他办公室给他汇报汇报近况！完了完了！"

"部门经理安排我下周去给外方公司做新产品 presentation！我的脚已经开始发抖了！"

1

其实,演讲是商业世界里最重要、最高层次的展现方式。它在产品推广、项目运作、招商投资等各项商业活动中都发挥着极为重要的作用。在职场中,不论是企业高管、中层管理者,还是普通员工,抑或是政府官员、媒体人员、营销人员,演讲表达能力都是你提升个人影响力和领导魅力不可或缺的因素。

当今时代,在工作中的方方面面、每时每刻我们都需要演讲的能力。对于中国的职场精英来说,最大的挑战就是如何做一场优秀的商务演讲。而我们常常面临以下三大问题:

一缺逻辑力——说话没重点,缺乏目的性,语言很累赘,观点不明确,没有条理性,观众听了云里雾里。

二缺呈现力——对着屏幕念PPT,没有眼神交流,缺乏热情,身体僵硬,面无表情,声音微弱像催眠曲。

三缺感染力——喜欢罗列图表数据,讲大道理,没有生动的案例和故事,和听众没有共鸣,无法打动大家。

其实,演说家仿佛是武侠小说中的武林高手,需要同时修炼"内功"和"招式",两者缺一不可。如果你不知道如何在观众面前呈现自己,你就会失去成功的机会。掌握优秀的演讲能力,可以提高你对客户的影响力,也能提高你在团队中的领导魅力。如果你在大家面前说话能沉稳自信,就容易得到大家的肯定;如果你在公开场合演讲能成熟稳重,充满气场,就容易产生说服力。

- 想成为思路清晰、气场强大的演讲达人?
- 想在职场中迅速升职加薪,早日实现财富自由?
- 想把职场所学的知识,真正落地转化为企业管理能力?
- 想得到领导和同事的认可和青睐,成就个人职业发展的梦想?

欢迎来到36堂课,让我们一起开始吧!

目录
Contents

01

劈砖引玉，
三招解决演讲困惑

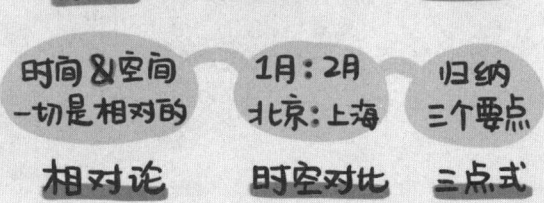

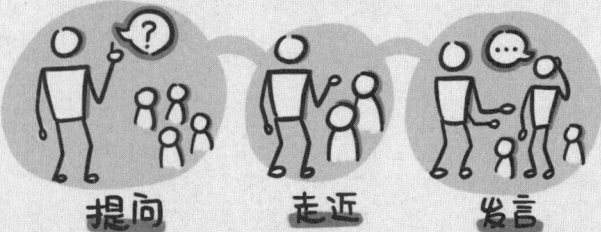

爱因斯坦比基尼，经验不足学老鸟
提问邀请有参与，瞌睡手机都赶跑

你有没有遇到过这样尴尬的局面，"为什么我在台下和同事很能侃，上了台就变哑巴了？""哎呀，领导刚在厕所门口看到我，叫我去他办公室给他汇报汇报情况！完了完了！""部门经理安排我下周去给外方公司做新产品presentation！我的腿已经开始发抖了！"一到工作中要做演讲的场合，你就手心出汗，头脑空白；面红耳赤，口干舌燥；紧张忘词，窘态百出。有没有一种"风萧萧兮易水寒，壮士一去兮不复还"的感觉？

下面是我们36堂课的第一课，初次见面，我先抛砖引玉，跟你聊一聊很多职场人士都担心的三个演讲问题。然后我会用"劈砖三式"，帮你把三块砖头一一劈开，把大家对演讲的疑惑、担忧、恐惧通通打破，露出里面藏的玉石。你只要掌握并且运用我教你的方法，你一定会发现，不论是工作汇报，还是会议发言、产品宣讲、洽谈客户，真的可以很简单！到底是什么样的好方法呢？让我们开始吧！

首先我来抛出3块硬邦邦的砖头。

第一块："没有经过专业的训练，如何在短时间内做好演讲？"

这是很多人经常会问的问题，也是许多职场新人的困惑。让我用劈砖三式的第一式，来搞定它。

劈砖第一式：真诚简单学老鸟

这里有3个词，第一个词是真诚。有人说演讲最重要的是口才，我想告诉他：你错了！如果你看过 TED 演讲的话，你会发现，很多上台的演讲者，并没有太多夸张的演讲技巧，也没有口吐莲花的本领，只是特别热爱自己所在的领域，用最真诚的语言，来打动观众。而观众，也会对他的真诚报以最热烈的掌声。没有经过专业的演讲训练，并不代表你就一定做不好演讲。如果你马上有一个非常重要的演讲，而你又来不及去学习专业的演讲技巧的话，那么，真诚就是你内心最强大的武器。

第二个词是简单，你可以尝试用最简单的演讲结构来表达。比如，我们小学就学过的总分总结构，就很棒。首先，告诉他们你要讲什么；然后，讲给他们听；最后，总结一下你刚才讲的。比如，你可以这么说：

"嗯，今天我想和大家汇报一下本周项目的进展，请大家看屏幕，这就是目前的流程图，我们一起来看一下。好的，……最后，我想说，总体来讲，项目进展很顺利，预计本月底可以完成。谢谢大家！"

你看，就这么简单。

第三个词是学老鸟。你身边有没有演讲水平比你高的同事或者朋友？找一个演讲老鸟，约他喝个咖啡，在他面前，把你要讲的内容给他讲一遍，问问他的意见。我相信，他一定会给你一些很有建设性的建议。记得主动买单哦。

记住，劈砖第一式：真诚简单学老鸟。第一块砖头，我帮你劈开了，没有那么难对吗？

现在让我们抛出第二块砖头："有没有更好的逻辑让自己的重点突出？"

这也是一个让很多人都头痛的问题，你有没有经常被领导指出说话没有逻辑，不能讲到重点呢？让我用劈砖第二式来帮你搞定。

劈砖第二式：爱因斯坦比基尼

我们先来想象一下，爱因斯坦穿着三点式比基尼，躺在海滩上晒太阳，有没有一种三观尽毁的感觉？

我们先来说说爱因斯坦。他创造了相对论，宇宙是由时间和空间组成的，一切都是相对而言的。我们要快速找到一个好的逻辑，就要学习相对论，从时间和空间的角度，来展开做对比。比如说工作汇报，你可以从时间上来谈：上半年和下半年的比较；1月份和2月份做对比；我们的过去、现在和将来。项目推广，你可以从空间上来谈：北京和上海的差异；华东和华南的不同；欧美、日韩、中东或大中华区。这样的思维逻辑，大家就会觉得非常清晰。

现在，我们再让爱因斯坦穿上比基尼。有时候你要谈的内容，没法用相对论做时间和空间的类比，那么要想重点突出，就要穿上三点式。把你要表达的内容归纳为3个要点。为什么不是2，不是4，而是3呢？因为3这个数字特别神奇。在中国，有很多以三打头的成语，比如说，三顾茅庐、三生有幸、三阳开泰，等等。也有科学研究表明，3件事情，是最容易被我们记住的。去超市买东西的时候，如果买3样东西，基本不会忘记，都会买回家；而如果是4样、5样或6样，那就有可能会忘记一两样。

所以我们今天的课程，也是3块砖头，是不是？当然，如果你真的有好多观点想表达，3点根本讲不完，那怎么办呢？那就要对观点进行删减合并。既然我们知道，在有限的时间内表达3个观点是最有效的，如果你有9个部分想说，那么就请你先把9个部分重新合并为三大块，然后每一块里的3个要点再总结归纳成1个要点，于是3个变1个，你看，最后9个部分是不是也可以变成三个部分了呢？

记住，劈砖第二式：爱因斯坦比基尼。怎么样，第二块砖头，我也帮你劈开了，没有那么难，对吗？

最后让我们抛出第三块砖头："观众打瞌睡，看手机，没人理我怎么破？"

观众那样的表现，不要怪他们。可能是因为你讲得没有重点，或者时间太长，内容枯燥乏味，让人昏昏欲睡。让我用劈砖第三式来帮助你。

劈砖第三式：邀请听众来劈砖

很多时候我们只关注自己讲得好不好，却忘记了观众听得开不开心。成年人的注意力,也很容易无法集中,窗外有个鸟飞过,门口有个人走过,隔壁说话很大声,都会干扰我们的注意力。如果你讲得不够精彩,或者逻辑混乱,就不要怪大家都打瞌睡看手机了。除了可以运用刚才那两招劈砖方法,帮你从根本上解决问题之外,还要想办法吸引观众的注意力,不能让观众闲着,让观众和你一起劈劈砖。

你可以向他们提出问题。比如:"大家觉得华东和华南两个市场,哪个应该是我们下半年的销售重点呢?认为华南是重点的麻烦举一下手。好的,有5位,谢谢!"

对于那些在看手机发微信的人,你可以朝他们走得近一点,站在他们的身边继续讲,你会发现,他们就会变得很紧张,有一种监考老师来巡查的感觉,这时他们会不好意思地藏起手机,抬起头来认真听你讲了。

如果有些人交头接耳窃窃私语,你还可以直接邀请他们发言:"哎,Michael,我听你刚才和Cindy讲的那个建议特别好,大家都没听到,你能和大家分享一下吗?来来来,给大家讲讲!大家掌声欢迎Michael!谢谢Michael。"

这些方法,都可以增强听众的参与感,当听众感觉是和你在面对面沟通、一起劈砖的时候,就再也不会那么尴尬了!

记住,劈砖第三式,邀请听众来劈砖。怎么样,第三块砖头,我们和观众一起帮你劈开了,感觉心情轻松了吗?

总结一下,劈砖引玉三招:第一式,真诚简单学老鸟;第二式,爱因斯坦比基尼;第三式:邀请听众来劈砖。

光说不练假把式,学了这简单的三招以后,你会不会勇敢地运用到工作中去呢?赶快找个机会去试一下,然后问问你的观众有什么感受,有没有给你的演讲带来巨大的改变呢?

演讲在练更在学,从今天开始,就把劈砖三式应用起来吧!

02

三个妙招，
秒变演讲老司机

三国时，老将黄忠奉命前去攻打曹军将领夏侯渊。夏侯渊占据有利地势，并且营垒坚固，而黄忠远道而来，兵马劳顿。交战几个回合，黄忠都是大败而归。

谋士法正向黄忠进言："夏侯渊性情十分急躁，虽然勇猛，但缺少智谋。我们可以放慢前进的速度，步步为营，设法激怒夏侯渊来进攻我们。这样我们就可以寻找一个有利的时机，选择一处有利的地形打败他。"黄忠一听，真是个好主意，说干就干，他让法正把军中所有的食物，全部赏给三军将士。将士们群情激昂，纷纷表示要效死奋战。

夏侯渊果然忍耐不住，欲带兵攻打黄忠。手下一员大将劝道："这是黄忠使用的反客为主之计，我们绝不能首先出战，否则可能会打败仗啊。"夏侯渊正在胜利的势头上，哪里听得进去，气势汹汹地上门找黄忠决战，结果中了黄忠的埋伏，曹军大败，夏侯渊还丢掉了性命。

你看，一开始，黄忠率军进攻夏侯渊，夏侯渊原地迎敌，黄忠占客位，夏侯渊占主位。后来黄忠停兵，诱使夏侯渊前来攻打，这样黄忠就获得了主位，而夏侯渊反成了客位。这招反客为主，使黄忠获得了作战的主动权，为夺取胜利奠定了基础。

让我们回到演讲这个话题。我经常听到学员反映：一到演讲现场，就感觉台下风霜刀剑严相逼，自己站在台上，大有"风萧萧兮易水寒，壮士一去兮不复还"之感。作为一个演讲者，如果能够在某种程度上反客为主，调动有利于自己的资源，让自己成为现场的把控者，获得主动权，把台下的观众当作是邀请来自家做客的客人，那么就能一击即中，捕获听众的心。

这堂课,让我教你3个妙招,让你轻松上手,反客为主。

第一招:说话声音大2倍

在上台演讲的时候,不能再用你原先正常说话的音量了,要把你的音量提高到你平时正常说话的2倍。为什么呢? 你想想看,平时私底下说话,大部分场合都是一对一、面对面地说话,所以只要自然放松的声音就好。但是到了台上以后,不管是工作汇报,还是开会发言,很有可能在一个会议室,面对十几个人讲话。如果还是像一对一说话那样的音量,没有话筒,大家肯定听不见或听不清,甚至要竖起耳朵来才能听明白。

如果在台上讲话毫无气场,坐在下面开会的同事就会感觉你声音微弱,没什么底气,要不就是心虚,要不就是个职场菜鸟。

其实,是你压根没有意识到在台上需要大声说话。要让大家觉得你不是菜鸟,其实很简单,就是要给自己的声音加上一点力量,把自己的音量放大2倍。注意,声音放大2倍的意思是音量放大2倍,不是让你音调往上走2倍,千万不要来个海豚音,小心把观众们震得内伤。

那怎么才能把握好这个音量呢? 难道我得带一个专业的分贝仪来测试一下? 没有分贝仪,那万一不小心,变成3倍、4倍或5倍,又会怎样呢? 如果真的提高音量到平常的5倍,那就不是在说话了,可能变成了吼叫,有一种"咆哮帝马景涛"的既视感就不好了。你是在演讲,不是在演戏,所以这个音量太大了。那我们该如何控制音量,不大也不小,正正好呢? CZ老师再教你一个调整演讲音量的好办法。

在演讲的前一天,先去你第二天要演讲的会议室踩踩点,确保没有人在用。如果你是男生,你去请一个你的女同事;如果你是女生,就去请一个男同事。你让他站在房间的最后面,你站在讲台的最前面,然后用你平时说话的音量。

如果他说没有听清,你就开始增加音量,再来一遍。一直到对方回答说,"听到了,吵死啦!"

好了，跟大家开个玩笑了。其实音量是不是2倍，还得看你平时音量的大小，有人天生大嗓门，再来个2倍，整个屋子都要震塌了，还记得开心麻花的女主角马丽的声音吗？而有的人天生林黛玉般的温柔，那么2倍的声音可能就远远不够了。

总而言之，你在下次开会的时候可以多做几次实验，只要保证会议室最后一排的人，也能清晰地听到你在说什么，那就成功啦！

下面我来放出第二个大招。

第二招：回答问题停3秒

当有人向你提问的时候，很多演讲者都会匆匆忙忙地回答问题。比如说，有人向你提问："Jack，这个项目上次有人提到研发过程中有一个产品代码不清晰的问题，你们当时考虑到了吗？解决了吗？"

"嗯，那个，Michael，啊，我想一下啊，嗯，关于这个问题呢，嗯，我觉得，我记得，哦，对，上次开会我们讨论过，我们团队开会以后，已经基本解决了这个问题，嗯，应该没问题了吧。"

你这样回答会让听的人觉得你心里根本就没谱！

其实，你完全可以在听众心目中树立起专业的形象，方法特别简单，就是在被提问的瞬间，不要急着说话，先停顿3秒。让我们用上这招，再来一次：

"Jack，这个项目上次有人提到研发过程中有一个产品代码不清晰的问题，你们当时考虑到了吗？解决了吗？"

"（停顿3秒）Michael，这个问题我们在上次会议时提出过，后来我们团队已经对这个问题进行了改进，目前应该没问题了。"

你看，这样听起来是不是更自信、更有说服力呢？而第一种支支吾吾的回答，听众心里就会产生怀疑，甚至会继续问更多相关的问题，你能招架得住吗？当然，如何应对挑战性的提问，我们在后面的内容里会跟大家分享。

记住了吗？回答问题停3秒，1、2、3，就是这个范儿！

第三招：眼神交流左中右

在演讲时候，我们还有一个很容易犯的小错误：总是盯着PPT看，却忘记了和观众的眼神交流。如果完全不看观众，那么观众心里会怎么想呢？会不会觉得你对他们不够尊重呢？你一直看PPT不看我们，根本就不在乎我们嘛，既然你都不在乎我们，那么好吧，我就拿出手机，刷刷朋友圈、聊聊天，反正，你也不理我们。

要想让演讲效果好，千万不要忘记观众的存在，要让观众有一种存在感，方法非常简单，只要眼神交流左中右。

来，我给大家演示一遍，你们看好了，左、中、右，看到了没？啊，CZ老师忘了，你们看不到我。

好吧，开个玩笑。其实你可以这么做，你从PPT那边转过头来，先看看你左边的一位观众，注意，一定要看具体的某个人，不要扫视，而是和具体的某一位观众产生目光对视，坚持2～3秒钟，1、2、3；再换到中间区域的某个观众，1、2、3；再换到右边，1、2、3。

然后就可以考虑换一下顺序，右中左，左右中，中右左，都是可以的。注意看观众的时候，也要经常换换人，保证现场所有的观众，在演讲的过程中，都和你有过目光的接触，那就完美了。

这一招眼神交流左中右，还可以很好地帮助你抓住观众的注意力。要知道，在一个演讲中，观众的注意力是非常容易被分散的。窗外飞过一只鸟，隔壁传来一阵笑声，门口闪过一个人，都会影响到观众的注意力。而且在职场中，有时候会议特别冗长，所以要想抓住他们的注意力，其实非常难。眼睛是心灵的窗户，如果你能经常用眼睛和他们进行一对一的交流，那么他们的注意力，就会到你的窗户里来，而不再是看窗外了。

好了，总结一下，说话声音大2倍，回答问题停3秒，眼神交流左中右，就这么简单的三招，只要你用好了，就可以瞬间成为演讲高手，在大家面前显得自信而有说服力。

光说不练假把式，学了这简单的三招，你会不会勇敢地运用到工作中去呢？最后，我们再来说一个三国的故事。看看猛将张飞是怎么运用CZ老师教大家的三招，吓退十万雄兵的。

却说曹操攻下荆州，刘备兵败撤退，曹操穷追不舍，追了整整一天一夜。到了长坂坡，刘备命张飞带20名骑兵断后。曹操赶来，只见张飞单枪匹马立在长坂坡桥头，一声大喝："我乃燕人张翼德也！谁敢与我决一死战？"声如巨雷。曹军闻之，双腿发抖，不敢向前。张飞停顿3秒，1、2、3，睁目大喝道："燕人张翼德在此！谁敢来决一死战？"曹军吓得直往后退，张飞眼神交流左中右，挺矛大喝一声："战又不战，退又不退，却是何故！"把曹操身边的夏侯杰吓得肝胆碎裂，倒于马下。曹操大惊，回马便走，曹军大乱，丢盔卸甲地逃走了。

你看，张飞就是用了CZ老师教你的三招：大音量，停3秒，左中右。居然可以反客为主，吓退曹操十万雄兵。你，还不赶紧去练练？

音量、停顿、眼神，注意三个小细节，会有大变化哦！

03

五大能力，
助你成为演讲达人

3. 五大能力，
助你成为演讲达人

内外兼修　天下无敌

CZ老师

演讲高手应具备的五大能力

1 专业知识
- 最重要
- 内容熟悉

2. 呈现技巧
- 肢体
- 发音
- 形式
- PPT

4. 互动控场
- 交流互动
- 提问
- 讲故事

3. 内容设计
- 有逻辑
- 有重点
- 抓注意力

5. 自信魅力
- 做好以上

想象一下，让我们把时光倒转，回到30年以前的时代。那个年代，是CZ老师父母那辈人在工厂里、企业里工作的时候。在那样的年代，企业的领导喜欢怎样的人？答案是大家都能猜到的：就是那些埋头苦干、像老黄牛一般努力的、有螺丝钉精神的好同志。如果在那个年代里，你特别会演讲，每天在单位里喜欢找人说话，那你可能就会被定义成一个夸夸其谈、游手好闲、不务正业的人，会被人看不起，也不会有人愿意嫁给你。

不过世界的发展如此之快，30年以后的今天，我们很多人都开始意识到，原来演讲能力已经成了企业员工必备的能力。如今的时代，可以说人人都要学习演讲。不管你从事什么职业，身居何种职位，我相信每个人都要去学习演讲。

不光是企业，我们的政府部门也开始意识到演讲技巧很重要。几年以前，某一线城市的一个区的区政府，邀请CZ老师去给他们做演讲培训。区政府的领导十分重视演讲能力，特别是到了年底，如果政府官员不善表达或演讲，就无法吸引企业来投资，招商引资的项目就做不好。因此，他们决定要让政府的官员们都提高演讲能力。

我们都能理解每一个人都应该学习演讲，因为演讲对这个时代来说真的是太重要了。那么，既然演讲能力如此重要，一个卓越的演讲者，到底应该具备怎样的能力和素质呢？接下来，CZ老师要用一个模型来告诉大家演讲高手应该具备的五大能力是哪些。

第一个能力：专业知识

什么叫专业知识呢？无非就是说，一个演讲者对他在台上要讲的内容必须非常了解、非常熟悉。如果你在台上做演讲，可是你对你讲的内容其实一知半解，有点稀里糊涂，也不是很懂，那么很抱歉，很快你就会穿帮，当你的听众向你提出几个犀利问题的时候，你马上就会露出马脚。

要成为一个优秀的演讲者，并不需要你有口吐莲花的才能，而是需要拥有足够的专业知识。CZ 老师一直觉得，咱们中国学生的专业知识还都是不错的。但有些人就是茶壶里煮饺子——肚里有货，却倒不出来。如果你有了足够的专业知识，不论你是做 IT 的、做财务的、做计算机的、做金融的、做保险的，还是做机械的、电子的、工程的，你才可以很有底气地表达。

第二个能力：呈现技巧

所谓呈现技巧，就是指如何把你肚里的货，用合适的方式方法，把它表达出来。你在演讲的时候，是否有适宜的肢体语言和语音语调？你的表现形式、你的 PPT 制作如何？总而言之，只要你上来，被观众看到的、听到的所有的一切，我们都可以把它叫呈现。有同学问我，老师，那我的发型重不重要？如果你有一个好的发型，那当然呈现技巧也会加分。

呈现技巧一直以来是我们中国人的弱项，我们往往做得很糟糕。我的第一份工作就是在一家世界知名 500 强企业，当时我就发现，我们中国人的表达技巧、表现方式跟老外比真的差别很大。我们团队有中国人也有老外，每到年底的时候，我们都会做一个年终评估，每个人都要上场做一个 presentation，然后你的领导、你领导的领导和 HR 都会出现。他们听完你的年终演讲之后，要对你进行打分，做评估，最后这个评估，跟你的年终奖金和升职都有关系。

然后你会发现，我们很多中国同事上台演讲的风格都是这样的：

"嗯……大家好，我呢……嗯……今年呢……非常感谢在座各位同事……嗯……还有领导……还有我们的大领导嗯……给我的帮助和关怀……没有你们的帮助呢……嗯……我是……做不了那么多事情的……嗯……当然大家看我的PPT啊……嗯……我在今年在这六个项目之中呢……也做了我小小的贡献……那我做了这个这个这个，嗯……当然呢，主要的贡献还是大家在完成的，嗯……所以呢……我为这个团队，嗯……做了我小小的贡献，我感到非常的荣幸，嗯……谢谢大家。"

像流水账这样嗯嗯啊啊地讲完之后，美国同事上场了。咱们甭管他讲的是英文还是中文，他的说话方式是这样的：

"感谢我们的team leader, manager还有我们的department head给我的support。接下来我讲一讲，今年我带领大家，做了以下这6个项目。这6个项目，给我们的客户带来了多少的利益，也给我们公司创造了多少revenue。那么在这个过程当中，感谢在座的各位同事给我的帮助和倾力合作，因此我才能够带领大家更好地完成这个项目。最后我向各位支持我的同事、领导表示感谢，没有你们也没有我今天的成就，谢谢大家！"

好了，如果你是大领导，听完之后，你觉得这个项目都是谁的贡献呢？很不幸，最后，大领导觉得都是老外干得好。其实，真正最主要的工作，还不都是咱们中国同事苦干实干干出来的？有时候，真的是干得好不如说得好！

这是我们说的第二点叫做呈现技巧。刚才我跟大家说，茶壶里面煮饺子。我们就当这饺子就是我们要说的演讲，这饺子终于从茶壶里面倒出来了，好不容易出锅了，但这饺子出锅后，大家想象一下，里面饺子馅儿是什么做的呢？可能是白菜猪肉馅儿，可能是芹菜馅儿。你希望这盘饺子是什么馅儿做的呢？

第三个能力：内容设计

所谓的内容设计，就是说你的演讲是否具有强烈的逻辑性，你有没有条理,有没有重点,能不能一下子抓住大家的注意力,能不能让大家愿意听你讲下去呢? 有没有一个有力的开场,有没有一个顺利的结尾。中间的过渡做得又如何呢? 这些都称为内容设计。

我们都希望自己的演讲,像一盘香喷喷的水饺一样,让大家吃得特别的开心。我也看到过很多演讲者犯的错误,他其实有很好的内容,但是没有把它们有条理有逻辑地组织起来,就直接展现在了大家面前。就好比,你明明能做出一盘香喷喷的水饺,你却不好好去做,反而把一盆水、一叠饺子皮、还没拌好的饺子馅儿,一股脑地端到观众的面前,你和他们说,你们自己看着办,自己做饺子吃吧。观众一头雾水,你的演讲毫无结构,毫无逻辑,这个饺子根本没有成型,更没法出锅,大家又怎么愿意吃它呢? 这就是内容的设计。

除了内容设计之外,我看到过很多演讲者,他看似有一盘新鲜的水饺出锅了,可是他却端了这盘水饺,转过去,面对自己的PPT,自己偷偷把这盘水饺给吃完了,然后丢给观众一个空盘子就走了——大家理解我说的意思吗?

没错,饺子是你的演讲内容,是应该给谁吃呢? 当然是给观众! 可是我们很多演讲者对着屏幕自己说得很尽兴,但是却忘了观众已经云里雾里,根本不知道你在说什么,甚至有观众已经睡着了,或者很想离开这个房间,只是不好意思走而已,最后你讲完还以为自己讲得很棒,"我讲完了,特别开心,再见!"你就这样丢给大家一个空盘子,大家什么都没有吃到,根本就没有吸收到你所讲的内容,你的演讲,很失败。

所以优秀的演讲者还应该具备第四个能力。

第四个能力:互动控场

你能否和观众有一个良好的互动呢? 你能否让观众愿意听你讲下去呢? 想象一下,如果你是一位销售,当你讲完你的产品介绍之后,发现场下没有一个人向你提问,请问,你是该高兴呢? 还是该难过呢? 没有人向你提问,是不是正好说明你讲得很糟糕,没有人对你的产品有兴趣呢? 所以说,你更需要和大家产生一些互动，不管你是用提问的方法，还是讲故事的方法，总而言之，你要和大家打成一片，和大家交流，把你这盘好吃的水饺端到大家面前，让大家吃得开开心心，才会愿意为你买单。

第五个能力：自信魅力

CZ老师希望每一个演讲者最终都能成为一个自信且有魅力的演讲者。如何才能做到既自信又有魅力呢？当然，要把前面四个能力都掌握了，第一条是专业知识，第二条是呈现技巧，第三条是内容设计，第四条是互动控场。

其实，演讲高手是不是有点像武侠小说里的武林高手呢？大家都有看过武侠小说吧，CZ老师特别爱看金庸的武侠小说。金庸先生的《天龙八部》里最厉害的男一号就是丐帮帮主乔峰，他有一招非常厉害的功夫叫做"降龙十八掌"。但是大家想象一下，降龙十八掌，是普通人能学会的吗？不可能！因为乔峰从小就修炼两方面的能力：一方面叫"内"，就是内功；一方面叫"外"，就是招式。要成为一个武林高手，你必须要既练内功又练招式，内外兼修，方能天下无敌。在演讲者的五大能力中，专业知识和内容设计，就是演讲者的内功；而呈现技巧和互动控场，就是演讲者的招式。只有掌握好了内功和招式，才能最终成为一个自信有魅力的演讲者。

CZ老师祝愿我们的小伙伴们在学习演讲的道路上，就好像武侠小说的武林高手一样，内外兼修，让你的演讲能力天下无敌！

五大能力非一朝一夕可得，要长期坚持有意识培养！

04

肢体语言，
你的身体会出卖你

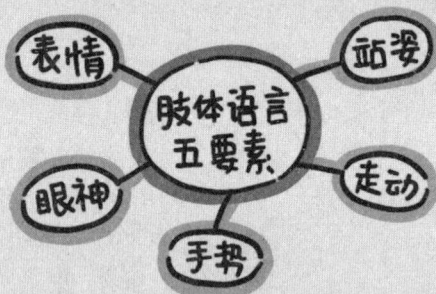

有一年我去成都出差，住在春熙路步行街上的一家酒店。吃过晚饭闲来无事，就在春熙路上看美女。人家都说春熙路上美女多，果然名不虚传。当然，我还顺便观察了一下来来往往的行人。

我发现观察行人很有意思。有的三五成群欢声笑语，有的小情侣打打闹闹，有人紧皱眉头低着头匆匆赶路，有人左顾右盼，在人群中看到了自己的爱人，张开双手紧紧拥抱。虽然我听不到他们在说什么，但却可以从他们的肢体语言中，读出他们的喜怒哀乐。

在表达和沟通中，身体语言起到的作用，可能超越你的想象。德国有一位肢体语言专家马尔里奇·索尔曼在接受中国媒体采访时表达了对马云的评价。他表示，马云是中国首富，但他的穿着、举止和言谈让他看起来就像是自己的一个邻居，非常亲切。他说，马云能够巧妙地运用一些手势来展示他开放、亲切的形象。比如，他喜欢张开双手，手心朝上；喜欢竖起大拇指，面带微笑。他总是毫不吝啬地调动所有的肢体，展示出最理想的形象。这就说明，恰当的肢体语言能够给人留下美好深刻的印象。

你有没有听说过这样一句话，你的身体往往会出卖你。没错，不恰当的肢体语言在沟通中可能会带来负面作用。前几年网上流行一部非常经典的美剧——Lie To Me（《别对我撒谎》）。看过的朋友可能知道，这部剧里面有个教授，非常擅长观察别人的肢体语言和微表情，而且通过人的举止和手势的变化来判断别人有没有在撒谎，帮助警察解决了很多疑难悬案。

举个简单的例子。在剧中有这么一个情节，你和朋友面对面吃饭，你看着对方的脸，对方也看着你，你发现对方嘴角上扬，但是眼角没有动，这是什么含义呢？专家说这代表两种可能性：一种可能性，就是对方在假笑；第二种可能性，就是对方玻尿酸打多了。

在另外一个情节中，教授居然拿出了美国前总统克林顿的法庭录像给大家看。大家都知道克林顿总统做了一件丢脸的事情（或者说是大家都很感兴趣的事情），就是莱温斯基绯闻案。当时，法官在法庭上问道，"克林顿总统，您和您的实习生莱温斯基之间有没有发生过什么不正当的关系？请回答！"这个时候，克林顿总统看着法官的眼睛，义正词严地告诉法官："法官大人，我和莱温斯基之间没有任何的不正当关系。"讲到这里，教授突然把画面定格，告诉大家，虽然克林顿总统面不改色，可是我们发现他的左手伸出一根手指指向身体的侧面，似乎在逃避些什么。教授说，这就叫眼手不一致，他很有可能在撒谎。

虽然这是电视剧的情节，有点夸张，但我相信，在现实生活中，的确存在一些你被你的身体出卖的情况。比如说，当你面对客户介绍你的产品，可是你的双手却放在胸前不断地揉搓，这搓手的动作就暴露了你的紧张感。当客户发现你很紧张的时候，自然而然他们会质疑你是不是对你的产品根本就不熟悉，从而进一步怀疑你产品的可靠性。

再比如说，假设你在向老板汇报一个项目提案，讲到重点的地方，哦，第一点、第二点、第三点，此时你的眼睛却往上看着天花板，你想象一下，你的老板会怎么想呢？是不是觉得你有点想不起来，在背诵你的演讲稿呢？是不是说明你对你自己的提案根本就不熟悉不了解，而他怎么能放心把这个重要的提案交给你呢？

所以说，我们在职场的沟通过程中，有的时候讲的内容虽然很不错，可是你的肢体语言运用不当，会极大地影响你演讲和表达的效果。懂得适当地运用肢体语言来表达，在工作中是很重要的。

让我们做个小实验，来看看你自己在演讲时候的表现到底怎么样吧。来，走到你家里的一面大镜子面前，看看镜子里的自己，告诉自己你看到了什么？你可能看到了自己的穿着打扮、发型、衣服鞋子。除了这些外形上的要素，你是否还看到了五个重要的信息，它们分别是你的站姿、走动、手势、眼神和表情。

这五个元素，我们把它们称为"肢体语言五要素"。这五要素之所以如此重要，是因为只要你来到台上，站在大家面前，即便你一句话都没说，这五个元素也会立刻被你的观众捕捉到，逃也逃不掉。站姿、走动、手势、眼神和表情，它们是构成你肢体语言的重要组成部分。

那么，你的站姿、走动、手势、眼神和表情，到底会出什么问题呢？CZ老师总结了在职场当中五种不良姿态。

第一类不良姿态：亚当夏娃式

亚当和夏娃，听起来是不是有点意思？有一次我的一个学生上台演讲，特别紧张，他和我说，"CZ老师，当我站在台上看着大家一双双眼睛盯着我时，我突然有一种幻觉，就仿佛自己是伊甸园里的亚当夏娃，赤条条光秃秃地站在大家面前，身上连一片叶子都没有。我的手忍不住要开始遮遮掩掩，保护自己的关键部位，甚至想找个地方躲起来。"

啊，原来是这样。CZ老师告诉你，其实，这是非常正常的生理反应。当你被一双双眼睛盯着时，会产生一种非常强烈的紧张感。这恰恰证明了你是一个正常人。我们把这种反应称为人的自我保护机制。那么，为什么我们被别人盯着看时会紧张呢？

要解答这个疑问，我们首先要回到远古文明时代。在远古文明时代，我们人类还住在山洞里，男人们要出去狩猎。想象一下当你手持长矛在丛林里前行，突然你发现身边的小伙伴都不见了，只剩你孤身一人在一片漆黑的森林中，抬头一看，突然发现丛林里有一双双绿色的眼睛在盯着你，这个时候，你是什么感受呢？相信任何一个正常的人都会紧张恐惧。

你可能会产生以下的反应：赶紧扔下长矛，开溜！你本来是去打猎的，结果反而成了猎物！所以紧张感是一种自我保护机制，假设你没有紧张感，看到一双双眼睛盯着你，Hi老虎，你好啊！那你就被老虎吃掉了，人类早就灭亡了。

当然，如果你逃啊逃，发现身后是悬崖而无处可逃的时候，你的第二反应是什么呢？应该不会是跳下悬崖，而是赶紧找一个附近的山洞躲起来，或找一棵树爬上去。总之，要躲到一个让野兽看不到你的地方，你就安全了。

让我们回到演讲现场去看看。当你在台上，而观众用一双双眼睛盯着你的时候，你会有什么反应呢？是不是想赶紧讲完，赶紧下去，或者赶紧找个讲台找个桌子，躲到后面？不用感到羞愧，这证明了你是一个拥有紧张感的正常人。你要做的就是通过不断的演讲练习，来慢慢减少上台的紧张感。

要知道，完全不紧张也是有问题的，就好比足球比赛的时候，替补队员在上场以前，先要在球场外面来来回回跑两圈，热身一下，才能保证上场之后有好的表现。演讲者在上台以前，也要适当让自己兴奋一点，有一点小小的紧张感，演讲的效果可能会更好。

第二类不良姿态：老板式姿态

你有没有观察过，有些演讲者到台上，会做出双手抱胸的动作，或者把双手放在背后，来回踱步，或者双手插进口袋。更厉害的是，有人演讲的时候双手叉腰。当你看到演讲者做出这些动作时，作为观众，你会感受到什么呢？双手抱胸的演讲者，是否让你觉得你们之间有一种距离感？他用手肘对着你，是否有一种拒绝和反对的感受呢？双手放在背后，来回踱步的演讲者，是不是像来视察工作的领导，高高在上，让你很害怕和他沟通呢？双手插口袋的演讲者，是否有吊儿郎当的随便感呢？双手叉腰，这么傲慢姿态，不用我说，观众肯定不喜欢。当然，老板式姿态，并不是说所有老板都会这样，而是说有这些姿态的人给人感觉都像高高在上的大老板，让人忍不住产生强烈的抵触和反抗心理。所以，还是要避免这类不良姿态。

第三类不良姿态：服务员式姿态

你有没有见过这样的演讲者，他在台上演讲，站姿挺拔，面带微笑。姿态特别标准，可是，为什么你看着却觉得那么别扭呢？他用左手握住右手，手掌交叉放在腰间，身体微微前倾，是不是很像酒店门口的迎宾小姐。所以CZ老师把这类姿态称为服务员姿态。如果保持这种姿态去演讲，观众会想，你今天到底是来演讲的呢，还是来为我们服务的呢？

当演讲者给观众的感觉是来为他们服务的时候，观众就会开始质疑演讲者的内容。因为演讲者把自己的姿态放得太低，降低了自己的说服力和可信度，甚至给观众一种错觉："你讲的我都懂嘛！你讲的还不如我呢！要不你下来，我来讲吧！"结果导致你讲的内容观众很难认同。

让我们再把服务员姿态和刚才第二类老板式姿态做个对比。老板式姿态是把自己放得太高，有一种高高在上的距离感，造成一种压力，让观众产生逆反心理；而服务员姿态则把自己放得太低，结果让观众产生怀疑。一个演讲者应该懂得让自己的肢体语言呈现出一种恰到好处的状态，不高也不低，和观众基本平等，但要略微高一点点，因为毕竟是你在台上演讲，要给别人一点点权威感。

第四类不良姿态：摇晃式姿态

摇晃式姿态指的是演讲者来到台上，像一个钟摆来来回回地晃，观众看得眼睛直发晕。当然，如果你演讲的目的是为了催眠观众的话，恭喜你，你肯定是个催眠大师。我相信没有演讲者是故意左右摇晃，只不过因为控制不了自己的紧张感，只有来回晃动才能让自己觉得舒服和放松。

设想一下，如果你要通过一场演讲说服观众买你的产品，结果你站在台上，嘴里说着："我们的产品质量非常可靠，性能非常稳定。"身体却在不断左右摇晃。这不是口是身非吗？你觉得客户看着你左右摇摆的身体，心里到底是觉得你的产品可靠呢，还是不可靠呢？

第五类不良姿态：依靠式姿态

依靠式姿态指的是演讲者只要有机会，就会找个地方靠一靠。比如演讲的时候你发现右手边有一个桌子，你的半边身体就会忍不住靠在桌边。如果你的正前方有个桌子，你就会忍不住把双手撑在桌面上。再比如，你在演讲时，背后有一堵墙，你就会忍不住把身体靠在墙上。为什么你总会找机会依靠一下呢？

根本原因就是一个字：懒。

表面上这些动作无伤大雅，但是一旦靠桌、靠墙、靠椅子，你的人就会显得绵软无力，气场尽失，本来该有的说服力也大打折扣了。所以演讲不容易，演讲简直就是个体力活！

以上就是我们在职场中常见的五种不良姿态。如果你能有意识地克服这些毛病，就可以让自己的身体听你的指挥，不再让它们出卖你了。实践出真知，先把错误姿态纠正了，我们再来学习正确的身体语言。

> 你的身体会说话！五种不良姿态一定要改！

口出陈璋

05

站如松柏，
自信演讲能开花

5. 站如松柏，自信演讲能开花

CZ老师

永 永 永

Before　　　After

职场演讲的基本姿态——站姿

1 肩膀打开

扭脖子
转肩膀
放松
→ 打开！

2 绷紧弹簧

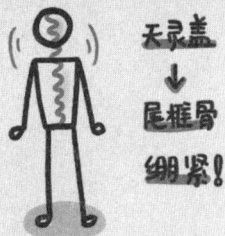

天灵盖
↓
尾椎骨
绷紧！

3 面对观众

关键词

4 双脚平衡

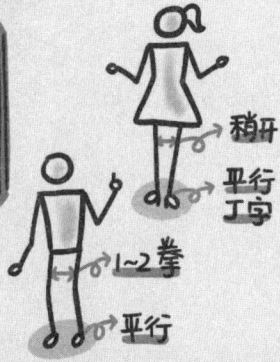

稍开
平行工字

1~2拳
平行

站如松柏气场强，朱唇未启先张扬
肩膀打开绷弹簧，面对观众心不慌

上一篇，我们给大家讲了肢体语言的五种不良姿态，分别是：亚当夏娃式、老板式、服务员式、摇晃式和依靠式。为了避免这五类不良姿态给演讲造成不良影响，上一篇，我请你站在镜子面前看自己，你还记得看到了什么吗？分别是肢体语言的五要素：站姿、走动、手势、眼神和表情。下面，让我们先来谈谈站姿。

还记得在小学或中学时候的经历吗？相信你一定听过很多场学校安排的报告会。在一个大礼堂里，主席台上放一排长桌子，铺上一长条红布把桌子底下遮得严严实实，红布上再放鲜花、茶杯、名牌、麦克风。演讲者来了以后，坐下，拿出讲稿开始念，这个时候我们就可以进入梦乡了，只是不要忘记睡醒了给演讲者鼓掌就可以。

相信大家都经历过那种无聊的时候，所以也就能够理解为什么现在我们特别喜欢那些站着的演讲者。如果你看过乔布斯的新产品发布会，你就知道乔布斯站在台上，身边空荡荡连一张桌子都没有。乔布斯全程在台上走来走去，和大家互动。背后的大屏幕上展示着苹果一款又一款的最新产品。每个观众都被深深打动，发布会后毫不犹豫地掏钱，买买买！也难怪我们中国的很多创业者都在学习乔布斯的演讲方法。小米的雷军，锤子手机的罗永浩，他们的发布会基本照搬乔布斯的样子，也在台上站着演讲。

对我们职场人士来说，除了吸引眼球，一个好的站姿还能带来非常多的好处。比如，站着说话可以让自己的思维更加活跃，和观众的互动也更加方便。站着说话的声音比坐着时更加洪亮。就算是在开会，站着也比坐着更容易让大家看到你，抓住听众的注意力。现在的演讲者都已经学会了在各种场合尽可能站着演讲。

当然，知道站着好还得真的站得好。

想象一下，你人虽然站在台上，但是却低着头，弓着背，一副无精打采的样子，观众看了，自然也对你的演讲内容失去了兴趣。相反，也许你本来很紧张，内容准备也不是很充分，但是你能站在台上站姿如松柏，昂首挺胸，姿态挺拔，至少在观众眼中，你变成了一个自信满满的人。

可能你会问，CZ 老师，莫非你教我们在台上装腔作势？ CZ 老师，你站着说话不腰疼啊？ 对了，有的时候人就是要"装腔作势"一下。当然这里的装腔作势要打个引号，很多演讲者在上台之前总是告诉自己，完了完了，我准备不充分，万一忘词了怎么办？ 万一 PPT 上有错误怎么办？ 万一回答不出问题来怎么办？ 万一被观众挑战了怎么办……上台之前就给自己很多负面的心理暗示，结果导致上了台，整个人都不好了，站姿也很糟糕。好的演讲者其实不是不紧张，而是在上台之前告诉自己，我可以的，我没问题的，我一定行！ 然后一上台，想象自己是一棵顶天立地的大树，张开双手，你的演讲，终于开花啦！

为了更好地学习乔布斯，我们再来打个比方。你小时候或许学过写毛笔字，在学写毛笔字的时候，老师会一上来就教你如何写草书吗？ 如果连基本的字形都写不好，你就想变成书法家写草书，那么你的字写出来很可能像蚯蚓。我们练毛笔字的时候，一般先从楷书开始练。楷书中从小练得最多的字，是永远的永，因为这个永字，包括八个基本笔画，人称"永字八法"。练好了永字，其他的字写起来就容易多了。

乔布斯其实就是演讲界的"草书"，你看他在台上挥洒自如地走动，但却不知道他背后付出了多大的努力。CZ 老师看过乔布斯 1983 年的苹果 Macintosh 电脑发布会的录像。那个时候他 29 岁，意气风发地挑战 IBM。想象一下，1983 年，那个时候你在哪里？ 可能你连一颗种子都还不是，人家乔布斯已经在台上开发布会了。所以，心急吃不了热豆腐，不要急于成为乔布斯，要先把我们的基本功练好。

接下来，CZ 老师就要教大家一些职场的基本站姿，帮助大家形成专业的姿态。准备好了吗？ 来，只要能站起来，就和我一起做这个练习。

第一步：肩膀打开

我们先来做个放松练习。轻轻转动你的肩膀，扭动你的脖子，让你的肩膀和脖子放松起来。脑袋左右晃一晃，肩膀转两圈。你有没有发现平时你的脖子和肩膀非常紧张？现代人大多有颈椎病，因为我们在电脑面前伏案工作的时间太长了，导致我们整个脊椎是下弯的，肩膀是向内的。每天蜷缩在电脑前，下了班路上又低着头看手机。现在的职场人士，不管你做的是什么工作，每个人其实都只不过是个打字员。上台演讲的时候，很多人含着胸，弓着背，这样的状态，怎么可能做出一个自信而有说服力的演讲呢？

第二步：绷紧弹簧

放松了肩膀和脖子以后，先找到两个点：一个点是你头部正上方的天灵盖，摸摸看；还有一个点，是你背后脊柱最下方的尾椎骨。想象一下，在你的天灵盖和尾椎骨之间有一根弹簧连接，从你的身体里穿过。平时的你，这个弹簧是松弛的、弯着的，感觉到了吗？现在我数1、2、3，你把整个弹簧绷紧了。准备好了吗？1、2、3，起。你有没有发现："哎，我长高啦！"当你把天灵盖和尾椎骨之间的弹簧绷紧了，你的身体打开了，你的站姿挺拔了，有没有一种打通任督二脉的感觉？

当然，千万不要忘记挺胸、收腹、提臀。这么站着的时候，可能你会觉得有点累。但是CZ老师要告诉你，那些在台上看上去很挺拔很自信的演讲者，其实他是很累的。维持一个专业的站姿真的很辛苦，要加油。

第三步：面对观众

请问你在演讲的时候，你觉得脸应该朝向哪里呢？我相信你的答案是面向观众。恭喜你，有了这个意识，已经说明你是一个不错的演讲者。因为CZ老师看到，很多演讲者在用PPT演讲的时候，他的脸根本没有朝向观众，而是朝向屏幕。我把这个姿态称作"屁对观众"。因为观众只能看到他的屁股。那么为什么这样的演讲者会一直面对PPT不愿面对观众呢？原因有三。

第一个原因，他不看PPT根本就记不住他要讲的内容。这说明，他对自己的演讲内容根本就不熟悉。如果你还记得CZ老师在第3堂课时候给大家讲过的优秀的演讲者的五大能力，第一条就是专业知识，也就是说他连最基本的自己要讲的内容都记不住，这样的演讲者怎么可能博得观众对他的信赖呢？

第二个原因，可能是因为他一看观众的眼睛，就紧张得说不出话来。还记得之前我们讲到原始人在丛林里看到野兽眼睛的感觉吗？如果不敢看观众的眼睛，说明你做的演讲还太少，要多给自己一些机会去演讲。

第三个原因，他把PPT当成了演讲稿，PPT上全是文字，整个演讲都在念PPT。难怪必须死死地盯着屏幕了。如果你是一个念PPT的演讲者，那么你的存在，就已经失去了价值。

所以说，好的演讲者要懂得始终面对观众。当然，很多时候我们在演讲时，不可能完全不看PPT，哪怎么办呢？ CZ老师给大家的建议是：首先，PPT上不要放太多的文字，回想一下乔布斯的PPT，只有图片和关键词。这样做，你大部分时间就可以面对观众，需要看关键词提示的时候，把头转回去看一眼，再回来。真正的演讲内容应该记在心里，刻在脑海里。

第四步：双脚平衡

说到脚，让我想到很多年以前的一段趣事。CCTV5有个著名的体育节目主持人叫段暄。有一天深夜，他在主持《天下足球》这档节目的时候，可能摄影师大哥有点犯困，不知道为什么，平时只拍到上半身，可那天晚上连下半身都拍到了镜头里，电视机前的球迷朋友们在那天晚上都看到段暄上身穿着西装正襟危坐侃侃而谈，桌子底下下半身却穿着大裤衩，露出一条大白腿。

很多时候，我们的演讲者不知道自己的脚在干吗。因为以前我们都是坐着发言，最近几年才意识到站着有多重要。现在我们来好好地研究一下我们这双腿。先来谈谈男士的站姿。

站在台上，一个好的站姿是双腿微微分开，间距大约是一到两个拳头的距离。千万不要相信别人告诉你的，双脚与肩同宽。有些男同胞的肩膀非常的宽，想象一下，双脚打开与肩同宽，手放背后，有没有一种军队里教官训话的感觉？

此外，还要注意双脚的方向尽量平行。很多男同胞犯的错误是八字脚太厉害，或者是双脚前后步，然后前面一个脚就开始抖腿。想象一下，你正在给客户介绍产品，"我们的产品，质量特别好，性能特别稳定，总之，很靠谱！"可是你的腿一直在抖抖抖，这一抖，客户都被你抖没了。

我们再来谈谈女士的站姿。我观察过很多演讲者，我发现，其实女孩子往往站姿要比男生好看多了，她们比较注意自己平时的仪态仪容，因此，脚步相对来说不会叉得太开，也不会八字脚。但是呢，女同胞容易犯的错误是，太过于追求一个完美的丁字步。就像空姐在机舱门口迎接登机的乘客那般，一个脚在前，一个脚在后，呈现出完美的丁字步。如果你穿的是高跟鞋或者正装套裙，这样站在大舞台上看上去腿特别细，特别好看。只不过作为演讲者，我们并不是要做礼仪小姐，这么站着说话，时间一长脚后跟会发疼。因为太拘束了，对自己的要求太高了。

我给女孩子的建议是，如果你要站丁字步，也要让自己的双腿稍微分开一点点，当然不能像男同胞那么宽，那么至少要让自己穿高跟鞋的脚，重心可以左右平衡。还有一点要特别注意，很多女孩子在拍照的时候特别喜欢交叉腿或者内八字的站姿，因为那样拍出来的腿显得又细又长，优雅迷人。可是作为演讲者，这样站就显得不太职业化。CZ老师建议，女孩子只要双脚微微分开一点点，平行或者丁字步的站法都是不错的。

好了,让我们总结一下演讲时候的站姿。肩膀打开,绷紧弹簧,面对观众,双脚平衡。以上就在我们在职场演讲时候的基本姿态,实践出真知,让我们练好站姿,再来进一步学习其他的身体语言。

站如松!良好的站姿立刻带来演讲自信。

06

三大原则，
四大空间魔术手

不良手势要改变，三大原则四空间
牵着观众思路走，不懈练习变熟练

　　上几篇，CZ老师和大家分享了一些不良的肢体语言以及好的站姿。这一篇我们就来讲讲肢体语言当中的手势。手势为什么在演讲当中如此重要呢？有没有想象过，如果你在台上，你的手势挥洒自如，非常的放松，非常的有力量，那么你在台上，就能成为一个很自信、很有能量的演讲者，而你的观众也会非常喜欢你，甚至被你所说服。所以要成为一个有说服力、有吸引力的演讲者，手势往往起了非常大的作用。

　　在谈好的手势之前，我们先来说说演讲者常常容易犯的小毛病。有些演讲者的手喜欢插口袋里，或抱胸前，或放背后，或叉着腰，再或者不断搓手，这些都是不太好的手势。因为我曾经担任过国际演讲协会的教练，见过千千万万的演讲者，所以我还见过除上述之外的不良演讲手势。

　　比如，有的演讲者开会的时候，喜欢拿支笔上台发言，不断地在手心里转笔，或者拿个圆珠笔不断地按，咔嗒咔嗒的声音真的好吵，还有人喜欢拿着笔对观众指指点点，这些都是不好的姿态。还有的演讲者上台后，手里虽然没有拿东西，但却忍不住要玩玩衣服的扣子、领子、袖口、拉链，等等，甚至有人边演讲边拎皮带，实在是有碍观瞻。我见过演讲时不断用手指撩头发的女生，还有人在台上边演讲边掰手指，或转手表，或脱戒指。

　　演讲的时候双手不知道放哪里，其实是很常见的问题。在这里我先帮大家找到一种自然放松的状态。当你把双手下垂，你去感受整个手臂没有一丝丝的用力，你的手指是微微曲着的，感觉好像两条胳膊不存在一样。如果你的面前有一面镜子，你仔细看一下你的双手，有没有发现，其实，你的双手并不是落在身体的两个侧面，而是微微靠前，是不是在你的裤子口袋的位置呢？所以，你喜欢插口袋，CZ老师一点都不怪你。因为西裤的口袋，就是根据人体工程学，手自然放松下垂的位置设计的，所以你很自然地就会插口袋。

找到了自然放松的状态之后，CZ老师并不是让你在演讲的时候，只是把双手呆呆地垂在两边。而是想告诉你，与其双手紧握，放在肚子上，或者不断地搓手，这种暴露紧张感的状态，还不如让双手放松下垂显得更自然。

懂得了基本自然放松状态以后，就让我们来谈谈手势的三大原则和四大空间。让我们先从手势的三大原则开始。

原则一：直观性

所谓直观性原则，就是所见即所得。比如你在向老板汇报工作时说，"最近我们团队正在做一个非常大的项目。"可这个时候，你的双手却停留在胸前，比画出一个小小的距离，你的老板看到了，脑袋当中就会产生一个疑惑，不是说一个很大的项目吗？怎么我感觉那么小呢？

这说明，当你所说的话跟你所用的肢体语言产生不一致的时候，观众更倾向于相信你的肢体语言。

加拿大艾伯塔大学和美国密苏里大学的两位学者——加里·威尔斯和查理德·佩蒂进行了一个实验，邀请一群大学生到一家高科技耳机公司参观。大学生被安排听了一段关于"美国高校调高学费"的讨论，并把他们分成三组，第一组在听的时候身体保持静止，第二组听的时候不断左右摇晃脑袋，第三组让他们上下摇晃脑袋。实验结果发现，身体保持静止的学生对讨论的内容基本无动于衷；左右摇晃脑袋的学生大部分提出了反对意见；而上下摇晃脑袋的学生则大多表示认同。由此可见，肢体语言可以强化我们对信息的思考，甚至引导观众的判断。

现在你懂了吧？当你说一个项目很大的时候，双手不要只是停留在胸前了，要把双臂张开，就像去拥抱一棵大树一样，让观众感觉到：哇，真的很大。

原则二：相对性

前几天，CZ老师在浦东机场遇到了姚明。"哇，姚明真的好高啊！"当我讲到这句话时，你想象一下，CZ老师做了一个动作，我把手放在我的肩膀高度比画了一下，姚明真的好高啊。你们是不是觉得哪里不对劲？姚明不是好高吗？怎么才到CZ老师肩膀的高度呢？

当你想描述一个人比你高时，你的手势位置，应该至少比你的脑袋高。这样才让人感觉到他是真的高。当你要说一个人矮的时候，你的手势肯定要比你的肩膀矮一些，观众才感觉到这个人矮。这就是相对性原则。

原则三：适量性

国庆节刚过，你去拜访你的客户，寒暄的时候，你和客户分享你去旅游的经历。你手舞足蹈地说，"那天，我爬上了一座山。"一边说爬山，你双手一边做出往上攀爬的动作，你是不是觉得有点古怪，会不会吓到客户？可能你平时就是一个特别活泼好动的人，所以在台上的表现力也非常强，CZ老师要给你点个赞。但同时也要提醒你，因为我们是在职场当中，你不是去演哑剧，所以手势不能太夸张。如果手势过度夸张，反而会弄巧成拙，引起老板的反感或者客户的不信任。所以，手势的使用要适量、适度。

那么，如何判断你的手势适量、适度呢？很简单，当你在演讲的时候，试试看，闭上嘴巴，只用手势来演讲，你发现你的观众也能明白你在说什么，那就证明，你已经成了哑剧明星了。这也说明你的肢体语言太多了。手势是用来加强你的语言，而不是取代它。

总结一下三大原则：直观性原则，所见即所得；相对性原则，你是参照物；适量性原则，不要演哑剧。接下来，我们来谈谈手势的四大空间。

一个优秀的演讲者懂得运用手势来传递情感，影响和说服听众。为什么厉害的演讲者能充分地调动现场气氛,带着观众的情绪走呢? 就是因为他们懂得运用手势的不同空间,营造不同的体验和感受。现在,CZ 老师一起带大家找一找这四个空间到底在哪里。

第一个空间——Power Zone(能量区)

让我们把手往上伸,肩膀以上的整个空间,我们都把它称为能量区。当你的手在这个空间运动的时候,传递出一种强烈的、有能量的、有力量的感觉。想象一下,哪些演讲者最擅长运用这个空间呢? 是不是世界上那些很厉害的领导人,比如奥巴马、希拉里、特朗普、默克尔,他们在想要说服别人的时候,手势一直都是在这个空间。作为政治家,为了产生强烈的号召力,手势出现在这个空间,是强调一种力量。还有哪些人习惯用这个手势呢? 比如有些成功学大师,还有搞传销的,他们的手也都在这个空间,煽动性很强,当然他们的目的可能不纯,我们千万别走歪了。

作为职场人士,我们该如何运用这个能量区呢? 平时我们很多人可能不需要用到这个区间,也可能是不敢用,或者是比较懒,不愿意举起来,因为把手放到这个位置做出一些有力量的动作其实是很累很辛苦的。那我们什么时候需要用到这个空间呢? 比如,你在激励团队的时候。假设你的手是畏畏缩缩地放在胸前,如何能达到激励的效果呢? 比如给大家加油,手肯定是要举起来,超过肩膀,握紧拳头,告诉大家,加油! 我们一起努力,把这个项目做好,把年底的销售额提上去! 掌握这个区域,就能更有激情地激励你的听众。这就是第一个空间——能量区。

第二个空间——Comfort Zone(舒适区)

舒适区的位置大概是从肩膀一直到胯部。大部分演讲者都会把手放在这个区域，因为很舒服很轻松，所以叫舒适区。大部分人演讲的时候，手基本都是在舒适区运动。比如说，你上台发言，"大家好，今天很高兴来到这里，我是Jack，今天要跟大家汇报一下项目的最新进展。"你一边说，一边双手在胸前左右比画，就是在舒适区。

不是说舒适区不好，但是，如果你的手势仅仅停留在舒适区的话，你永远无法成为一个优秀的演讲者。你必须要懂得打开自己的舒适区。很多人没有打开双手，而是双手夹在腰这里。打开自己的第一步，就是把你的胳膊微微地抬起来一点儿。没错，平时我们大部分的手势动作都是在舒适区完成的，但是关键时候要学会突破自己的舒适区。

第三个空间——Relax Zone（放松区）

放松区是在你的胯部以下这个空间。也就是说，当你的手自然下垂的时候，就到了放松区。但是如果你的手势一直保持下垂，在放松区活动的话，很显然，你是没有力量的。想想你在开团队会议，你说，"我们明年一定要加油！要把项目做好！把销售额提上去！"但是你的双手却一直自然下垂，放在胯部以下，是不是感觉很没有力量呢？因此，当你要激励大家的时候，手一定要上来，先到舒适区，再到能量区，才能让观众和你一样感受到一股强大的力量。

当然，有些特定场合和话题是要用到放松区的。比如，当你说一些悲伤和低沉的话题时，如果你的手势在放松区域，就会很正常，这个时候如果你的手还在力量区，观众就会感觉非常奇怪。比如说，你想跟大家谈谈最近某个地方发生了一个地铁爆炸案或一个枪击事件，这是一个让人悲伤的话题，可你却把两只手往上举，放在力量区，给人的感觉就像是你在很兴奋地说："啊，又发生爆炸事件啦，死了好多人啊！"在商务场合，别人就会觉得很不可思议，你这个人是不是没有同情心？这极大地影响了你自己和你公司的形象。所以表达同情和关怀的时候，你的双手就应该自然下垂，表达一种沉重感和悲伤感。

第四个空间——Extend Zone（扩展区）

把双手张开平行往两边伸展，就是扩展区，也叫气场扩展区。有气场的演讲者往往敢于把自己的手打开，打开的幅度和位置可能是普通演讲者平时都不敢做的。如果突然让你双手向左右大幅度伸展，是不是感觉有点怪怪的，好像有点惶恐，还有点不太好意思。CZ 老师想告诉你，普通演讲者和优秀的演讲者的差异，就在于此。厉害的演讲者敢于放大自己的手势和肢体语言，而不会觉得突兀，也不会觉得不好意思，因此，打开双手的时候虽然很累，但非常有气场。你可以对着镜子，看一看，感受一下，是不是能让你产生巨大的影响力，掌控全场。

好了，总结一下，手势的四大空间：Power Zone（能量区），Comfort Zone（舒适区），Relax Zone（放松区），Extend Zone（扩展区）。通过这四个空间来丰富你的手势，再加上之前说的三大原则：直观性、相对性和适量性。恭喜你，通过不断地练习，你很快就会成为演讲的魔术手，牵着观众的思路走！

优秀的演讲者总是善于利用手势为自己加分。

07

顺势而行，
突破演讲金箍圈

身体摇晃怎么破？舞台走动来解惑
五大手势来呈现，打破金箍冲上天

有一回，我的一个学生问我："CZ老师，我觉得我自己上台也不紧张，双腿双手也挺自然的，可是为什么我的身体忍不住要左右摇晃呢？"这个问题其实我们在谈五种不良姿态的时候曾经说过摇晃式的姿态，与此很相似。上几篇，我们也讨论了肢体语言、不良姿态、好的站姿，以及手势的三大原则和四大空间。这一篇让我们谈谈你的走动和手势。

有些人上台的时候，虽然并不紧张，可是身体却忍不住左右摇晃，和那些上台以后没有什么肢体语言的人恰恰相反。归根结底，这是因为你的身体其实很渴望演讲的时候能动起来，而你却把演讲当作太严肃的一件事情，控制自己，不想让身体动。就仿佛在《西游记》里，孙悟空用金箍棒在唐僧身边画了一个圈圈，"师傅，你千万不要出这个圈子，因为出了这个金箍圈就会有妖怪来吃了你。"

所以很多演讲者在台上，想动却又不敢动。把自己的脚步死死地定在原地，但是身体又想要出去，于是你的身体就忍不住左右摇晃。那么，如何才能突破你的演讲金箍圈呢？要想打破你演讲的金箍圈，其实并不难。CZ老师接下来要教大家一些方法。

方法一：左右两步法

所谓金箍圈，就是你的脚步舒适区。要突破舒适区，就要让你的脚步走起来。也就是说，当你的身体想摇晃的时候，你就用走动来取代摇晃。当身体想往左动,你就往左跨两步。当你的身体想往右动,你就往右跨两步。发现了吗?只要两小步,你就已经突破了你的舒适区,跨出了金箍圈。

左两步,右两步,加起来共四步。也就意味着,你从一个死板的演讲者,变成一个活动范围能够达到四步大小的舞台掌控者。虽然你离乔布斯还差得很远,但是恭喜你,已经跨出成功的步伐。俗话说,向前一小步,文明一大步!总而言之,四步虽小,意义却重大,有效的来回走动可以将你真正转变成一个具有专业水准的演讲者。再提醒大家一下,一定要找人看一下你的走路方式,千万不要走成螃蟹步,或者走成猫步!

方法二: 目标走位法

掌握了最简单的两步法以后,你的身体已经没有那么僵硬了,那么我们就要增加难度了,来谈谈走动的目的性。简单来说,就是你的走动要有明确的目标。如果今天你要上大舞台,做一个非常重要的演讲,那么,你的来回走动一定要有目的性,不能把舞台变成漫无目的闲逛的地方。

2013 年,TED 大会的创始人克里斯·安德森就在《哈佛商业评论》上发表过一篇文章——《TED 演讲是如何炼成的》。在文章中,他说道:"我们在TED 演讲彩排时发现的最大问题,就是人们过于频繁地移动身体,他们晃来晃去,不断将重心从一条腿移到另一条腿上。"

确实,即使是 TED 那些厉害的演讲者,也同样感受到,有效地掌握走动的技巧,其实是非常困难的。在房间里来回踱步只会让观众觉得头晕。其实对于大舞台演讲,我们完全可以将整个舞台有效利用起来,提前构思好明确的锚点。

什么意思呢?如果你在讲述一个故事,故事中有很多不同的角色,你在模仿每个角色说话时,可以移动自己的位置,站在舞台的不同地方,代表不同的角色,这就是锚点。比如两个人的对话,舞台左边代表员工,舞台右边代表老板,模仿员工说话的时候就站左边,模仿老板说话就走到右边,这样在观众看来,就有一种画面感,两个清晰的角色出现了。

同样的道理,时机恰当的移动也能强化你的表达。一般来说,在阐述你的观点时,应该站在一个地方保持不动,表示坚定,强化观众的专注度。而在讲一个很生动的故事的时候,就应该开始走动。比如,你的故事是按照时间轴展开,那么可以按照讲述故事的时间顺序,从听众的左边慢慢走到右边。演讲中间需要过渡的时候,就用走动来完成,比如,讲完第一个部分,你先停顿一下,然后走到一个新位置,再站定,然后开始说下一个部分的内容。这样中间的停顿正好从视角上给观众一种过渡的感觉,还可以给听众时间,消化上一个内容,也为你的下一个内容留了几秒钟思考的时间。

方法三：电影叙述法

中国古代的文字是自右向左写的。而在西方文化中,阅读文字一直都是从左向右的,从听众的左边进入,并且移动到他们的右边,会给观众一个积极的感觉。如果你是一个电影迷,你会发现在电影里,好人总是从观众的左边进入,而坏人总是来自观众的右边。很有意思对吧? 你再去看乔布斯的苹果发布会,每次乔布斯都是从左边登场的。

好了,现在,你就是电影的主角,你肯定希望自己做一个好人,不想做坏人,在面对听众之前,你可以到左侧舞台角落里站一下,你将会有宝贵的时间做一下调整,以适应灯光和听众的目光。尽量避免直接从听众席上入场,因为在你上台前至关重要的10秒,观众一边给你鼓掌,一边一直在看你的屁股。

整个演讲的时间安排,也可以学习电影的叙述手法。在舞台上有三个基本的位置:舞台左侧、舞台右侧以及舞台中央。时间的分配就像电影剧本的设定,舞台左侧是电影的开场,占整个电影的20%;舞台中央是电影的主要部分,占60%;右侧是电影的尾声,也占20%。因此演讲的时候,你站在舞台上的时间也差不多该这么分配,左中右按20∶60∶20。

在演讲开始和结束的时候,为了拉近观众和自己的距离,培养好感,吸引目光,要站在舞台中央前部开始你的演讲。无论这个场地有多大,只要往前走几步,马上让观众感觉到亲密感。结束的时候也可以回到相同的位置,给观众一个信号,表明演讲即将结束,就像很多电影结束的时候会回到电影最开始的那一个场景一样,前后呼应。

三个走动的方法,可以帮助走出你的脚步舒适区,打破金箍圈。现在可以勇敢地直面圈外的"妖怪"了吗?除了用脚步突破金箍圈以外,CZ 老师还要教给大家五种常用手势动作,帮你彻底突破金箍圈,成为专业的职场演讲者。

第一类,常规式动作

我们演讲的时候经常不知道手应该放在哪里。上节课我也和大家讲过,我有一个学生甚至和我说,CZ 老师,在我上场前,能不能给我一把刀,我把手剁了,这样我就不用担心手的位置了。虽然是开玩笑,可是也说明了大家都有类似的顾虑。当你不知道手应该放哪里的时候,你可以双手五指指尖相碰,放在胸前,这个动作在职场当中都会显得比较自信而专业。这个动作还有另外一个名字,叫塔形式,就是举起来有点像一个宝塔。美国总统特朗普、前总统奥巴马,英国首相梅姨,德国总理默克尔,还有很多西方的政客,他们演讲的时候,就会把双手五指指尖相碰放在胸前。看新闻的时候你关注一下那些照片,你就会发现这个特点了。

第二类,开放式动作

刚才说的指尖相扣,放在胸前,更多的是一种静态手势,能给人一种自信的气势。在演讲的过程中,我们更需要将双手多打开,表示和观众有更多的肢体交流。乔布斯最喜欢的动作,就是双手张开往两边,幅度还不小,把自己的身体放开,有一种敞开胸怀的感觉。如果双手抱胸,往往会给人一种关闭自己,保护自己,不愿意和观众交流的感觉。因此,我们要勇敢地张开双手,用一种欢迎的姿态做演讲,这样就会给观众一种胸怀宽广、心如大海的感觉,他们自然就更愿意听你的演讲。

第三类,强调式动作

如何用手势来表示强调呢?有的同学告诉我,"老师我能不能跺一下脚表示强调?"我只好回答说,"你跟你男朋友撒娇的时候是可以的。"常见的强调动作有这么几类:一种是切,一只手做刀子的形状,另外一只手做砧板,像切菜一样,你自己比画一下,比如,"演讲很重要!"咔嚓,切一下;第二种是锤,一只手握紧拳头,像打铁一样,啪的捶打在另外一只摊开的手掌中,比如,"年底要不要涨工资?要!"锤一下,"我们一定要加油!"锤一下。

第四类,数数式动作

我们可能需要表达几个观点,比如第一、第二、第三。这时候手应该怎么做呢?有些演讲者在讲第一、第二、第三的时候,会直接伸出食指,指向观众,表示第一。这种手势不太好,观众会感觉太强势,不舒服。万一台下坐的是你的领导,你用一根手指朝向领导,领导心里可能想,不对啊,我是你领导还是你是我领导?一根手指指向观众,给人的感觉太强势。

那我们该怎么做呢?一般来说,我们在职场中演讲是用PPT的,如果你的PPT上自上而下正好写了三个要点,面对客户的时候,你可以手掌摊开指向PPT,"王总,我们公司的产品有三个特点,第一点……,第二点……,第三点……"手势正好朝向PPT自上而下的三个要点的位置,准确而简单。

有同学会问,老师,那有时候我演讲没有PPT怎么办呢?比如领导让我汇报工作,就上去讲个五分钟,没有PPT,怎么办?没关系,你可以利用你面前的空间,打开手掌,指向三个方向,左中右或者上中下。如果你和听众面对面,坐得特别近,你不想要太大的手势幅度,那么你依然可以用手指来表示一二三,只不过不要把手指指向听众,我们要稍微弱化一下,而是把手指放在自己另外一只手掌上,第一点,第二点,第三点,就可以了。

第五类,描述式动作

在描述一些具体事物的时候,为了加强给观众的视觉效果,你可以通过手势来帮忙。比如,"我最近在看一本书……"讲话的时候手掌作出翻书的动作。比如,"今天我得了演讲比赛第一名!"讲话的同时,用手在空中画一个方框,感觉是个奖状的样子。比如,"今天有一个客户给我打电话",边说边用手比画出电话的样子靠近耳朵听。比如,"昨天晚上,我苦思冥想想到了一个方案",一边说,一边用手指在太阳穴边上绕圈,表示思考。这样会不会给观众更加直观的视觉效果,帮助他们理解你的演讲内容呢?

让我们总结下,五类突破舒适圈的手势:常规式、开放式、强调式、数数式和描述式。再加上前面走动的三个方法:左右两步法、目标走位法和电影叙述法。恭喜你,成功地突破了孙悟空给你设置的演讲金箍圈,马上就能成为一个自信有魅力的演讲达人!赶紧把CZ老师教你的肢体语言运用到实际的演讲中,搞定你的听众吧!

> 演讲时如何恰当地走动是个难点,五类手势要灵活运用。

08

眼神交流，
擦亮你的心灵窗户

> 心灵窗户要常看，否则没有安全感
> 两种错误需避免，三种互动撒手锏

我们常说，眼睛是心灵的窗户，说明眼神的交流对人和人之间的沟通很重要。如果我问你，演讲中是否需要和观众进行眼神交流，你的回答肯定是Yes。在讲到肢体语言的那几篇内容里，CZ老师和大家分析了很多演讲者会遇到的场景。想象你来到了台上，准备开始演讲，可是你一抬头，看到一双双眼睛盯着你，你一下子就头脑空白，语无伦次了。因为这种眼神的对视，触发了人类的一种本能——自我保护机制，让你肾上腺素分泌，变得紧张，想逃跑。

这恰恰说明了人的眼神会传达情绪，影响对方的行为。科学研究表明，1岁左右的婴儿已经能够根据成人眼睛注视的方向来预测对方的行为。这也说明眼神在沟通和演讲的时候，有非常重要的指导作用。让我们从两个方面来展开分析。

第一个方面，演讲者为什么要看观众？

我们看到很多演讲者是不看观众的，只是盯着PPT看。如果你不看观众，观众会觉得你不尊重他们。只有你在看他们时，他们才会觉得受到了关注。不仅如此，演讲者看观众，还想从观众眼中看到一些反馈的信息。为什么人和人最佳的沟通方式是面对面？因为你可以看到对方。眼神也是这个道理，当你在演讲的过程当中看到观众露出微笑，频频点头，那就意味着对方肯定你的内容，你也有信心继续往下讲。如果你看过去，发现观众的眼睛透露出的是迷茫，或者大家都在低头看手机，那么就说明你讲得不精彩，不吸引人。此时，千万不要无所作为，等到听众们都走光了你就来不及了，你得赶快调整策略，改变现状。如何调整策略，可以参考后文的《听众无感，BUT模型拯救回来》。

第二个方面，演讲的时候，观众会看哪里？

在演讲的时候，你会发现，观众都是在看演讲者的眼睛的。其实，观众看演讲者的眼睛，是因为观众也想从演讲者的眼睛中读出一些信息来。要知道，没有任何一个观众希望演讲者讲得索然无味，讲得很无聊。作为观众，花了时间花了精力去听演讲，当然是希望演讲者讲得好。所以，观众很想从演讲者的眼神中读出，演讲者对自己讲的内容是充满自信的，也是非常熟悉的。因此观众和演讲者都是希望彼此有眼神交流的。但是演讲的时候，你的眼神交流做到位了吗？我们的眼神交流，常常会犯哪些错误呢？听CZ老师来给你仔细分析分析吧。

错误一：看天看地看 PPT

演讲者由于不敢看观众，所以会看天花板，看地面，看PPT，那么问题来了，当你看天花板的时候，观众会怎么看你呢？想象一个情景，当一个演讲者在台上演讲的时候，他说："我们这款产品有几个优势，哦，第一点……，第二点……，第三点……"当他讲到这几个关键点的时候，由于紧张，他的眼睛不由自主地抬起来看了一下天花板，请问，如果你是一个观众，你是不是有种感觉，咦，他是不是忘词了，他是不是在背诵，连自己要讲的核心观点都记不住？当观众对演讲者讲的内容开始产生怀疑，你的可信度就下降了，你觉得他还会买这个他觉得连你都不是很熟悉的产品吗？

除了看天花板，我们演讲的时候还经常忍不住往地下看。我们再想象一个场景，当你终于讲完了产品的优势，得到了客户的认可，接下来，要谈谈售后服务了，"嗯，我们的产品是非常好的，质量是有保证的，5年内肯定不会坏，坏了包换。保修期是10年。"当你讲到5年包换、10年保修的时候，因为紧张，你的眼神忍不住一直往地下看，这个时候观众会怎么想呢？是不是觉得，咦，他是不是对自己的承诺没有信心啊，5年包换、10年保修，是不是在忽悠我啊，做不到吧？你看，一个小小的眼神竟然出卖了你。

在肢体语言那几篇内容里，CZ老师和大家仔细分析了你的肢体语言是怎么出卖你的，还记得吗？当你的眼睛看天花板或者看地下的时候，很抱歉，没有任何一个观众会认为是因为你演讲技巧不够好而有点紧张那么简单，所有的观众都会认为肯定是你忘词了，记不住，对自己的产品不熟悉，而且对售后服务没有信心。你看，千万不要以为观众都是傻瓜，观众一眼就看穿你了，千万不要小看眼神的力量。

看天看地，看PPT，CZ老师在讲肢体语言的站姿那一篇里，分享过有些演讲者喜欢一直盯着PPT做演讲，原因可能是不敢看观众，也有可能是不熟悉内容。不管是什么原因导致的，照着PPT朗读文字的演讲者，CZ老师还是那句话送给你，你以为你是播音员吗？你播的很好听吗？所以，别再盯着PPT看了，一定要看观众。

错误二：只看熟人和老好人

很多时候，不仅是面对客户，也有可能是在公司内部做演讲。有的人在演讲时候，很喜欢看熟人，只和自己部门的人做眼神交流，为什么呢？因为自己人嘛，一定会给你赞许的目光。而不熟悉的人可能会给你一个犀利的眼神，你就会紧张，所以不看陌生人。可是，当你的眼神只和自己熟悉的人交流的时候，你和不熟悉的人的沟通就会减少，他们就会觉得你没有关注到他们的感受，于是他们可能就不再听下去，你演讲的有效性对他们而言就会下降。

除了看熟人之外，我们在演讲的时候还喜欢看老好人。老好人就是不管你讲什么，都会面带微笑朝你点点头的那种人，看到他们你就会非常开心。这么说吧，如果你只是一个演讲的初学者，偶尔做个演讲，为了让自己不紧张，你演讲的时候去看看老好人，看面善的人，完全可以理解，因为这样会缓解你的紧张和焦虑。但是，如果你已经不再是一个初级演讲者，或者这么说，你来到一个重要的场合,你的目的是要说服对方,得到对方认可的话,那么,只看熟人和老好人,就会让你达不到想要的效果,甚至起到反作用,因为那些表情严肃、目光犀利的人,有可能才是整个会议的真正决策者,而面带微笑的老好人,可能就是来打酱油的。

听完了上面两类错误,现在我们知道眼神交流的重要性了,在演讲中要尽可能多一些眼神交流,用眼神和观众产生积极的互动。那么,该如何做到呢?让CZ老师来教你。

方法一: 个体对视法

熟练应用眼神接触技巧的关键在于,想象自己在与每一个听众进行一对一的谈话,每次谈话持续一个句子的长度。这样做,可以避免演讲者不停地扫视全场观众,像机关枪一样,也可以避免自己一直盯着地面或天花板。与单个听众进行眼神交流时,如果距离比较近,一个神奇而有效的做法是盯着那个人的一只眼睛,而不是两只眼睛。有些演讲教练建议,当情感上有所请求时,望着一个人左眼;当理性上做逻辑论证时,望着一个人的右眼。这个原理是人的右脑通过左眼控制情感并处理图像,而人的左脑通过右眼控制逻辑推理并处理图像。当然,如果你觉得这个理论太玄乎,太难记住的话,随便挑一只眼睛看看吧。

当然,你之所以不敢看观众,很有可能是你对自己要讲的内容还不够熟悉,比较心虚。你只有掌握了自己要讲的内容,且非常熟悉,才能保证尽可能频繁地与听众对视。演讲开场还没进入状态以前,先找到那些频频点头,并且用赞许的表情给予你肯定反馈的观众,依靠他们支持的目光陪你度过最为不安的阶段。后面演讲渐入佳境时,要把每个人的目光都包括在内,记住CZ老师前面说的,不要只看熟人和老好人,要敢于去和那些目光犀利的人对视,用你的自信眼神征服他们,因为那些人可能才是真正的决策者。

方法二：蜜蜂采蜜法

演讲者可以随机地和房间里的某个听众保持3～5秒钟的眼神交流。想象一下蜜蜂采蜜的情景，是不是蜜蜂会先选择一朵花，飞过去，在那里停留一会儿，采好花蜜后再飞到其他花上呢？演讲时，应该像蜜蜂采蜜一样，和单个观众进行实质性的目光交流，每个人至少保持3秒钟。在演讲结束的时候，应当力求与每一位听众至少一次有眼神交流。不要匆匆扫过一排观众，要确保目光到达房间的每一个角落。演讲中，即使要看PPT或者讲稿，也要确保大部分的时间是在和观众进行目光交流，尤其是在开头、结尾、关键观点以及表明立场的重要时刻，一定要看观众。

方法三：ABCD和七点法

在小型的会议中，可以按会议室的分布，将听众平均分为ABCD 4个区域，然后把每个区域当作单独的个体，面对他们演讲，并且不断交换。先是A区的一位观众，然后眼睛换到B区一位观众，然后C区，然后D区。当然，可以随机切换，ACBD，BDCA，CBDA，总之，要和不同区域的观众都有眼神交流，不要只停留在距离你最近的那个区域，这样其他区域的观众就会觉得你没有关照到他们。

如果当天的会场很大，像一个剧院一样，那么，你基本上是无法和每位观众产生眼神交流了，而且更有可能的是，因为台上的聚光灯，导致你根本看不到观众的眼神。但是这并不代表观众看不到你的眼神，所以即使这样，我们还是要想办法和观众做眼神的交流，CZ老师教你"七点法"，就是你要关注整个会场的七个点——左中右前后角落，分别是指：前排最左，前排最中间，前排最右，后排最左，后排最中间，后排最右，还有整个会场的正中间。由于会场很大你无法照顾到每位观众，只要你的眼神能够照顾到这些最远端的最不容易被关注到的位置,你就能够掌控全场,游刃有余。

好了,让我们总结一下。眼睛是心灵的窗户,我们用眼神交流和观众产生积极的互动。常见的两类错误:看天看地看PPT,只看熟人和老好人。我们一起学习了三个眼神互动的方法:个体对视法、蜜蜂采蜜法、ABCD和七点法。避免错误,理解根源,掌握技巧,擦亮你的心灵窗户,相信你的下一次演讲一定会更加自信,和观众的互动也会更加顺畅。

通过眼神和观众产生积极的互动,是克服舞台恐惧的第一步。

09

不是歌手，
也要让声音变好听

9.不是歌手，也要让声音变好听

德摩斯梯尼练演讲

含石说话　　海边演讲　　镜前练肢体　　CZ老师

改善声音要素 → 提高演讲能力

1 音量 × 2　　**2** 音色 → 特定　　**3** 音调 → 可变

五大共鸣腔

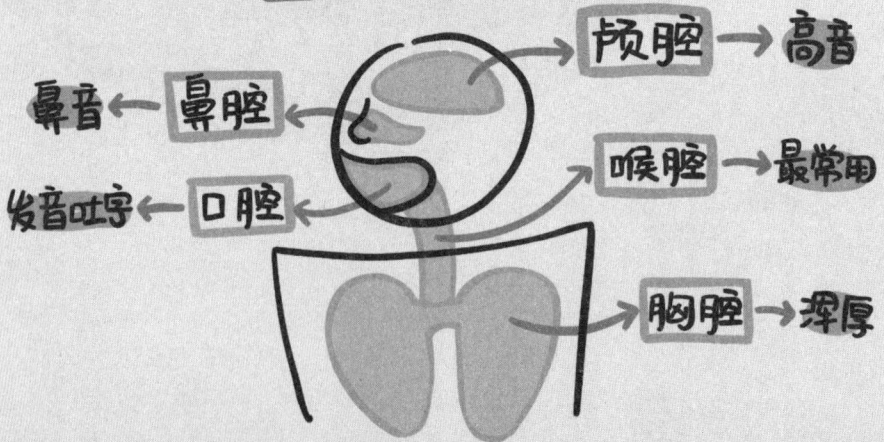

鼻音 ← 鼻腔

发音吐字 ← 口腔

颅腔 → 高音

喉腔 → 最常用

胸腔 → 浑厚

古希腊时期有一位叫德摩斯梯尼的著名雄辩家，一生活跃在雅典的政治舞台。但是由于他天生口吃，嗓音细弱，发音不清，一开始的时候，他的政治演说很不成功，民众无法相信他。为了让自己成为出色的演讲家，德摩斯梯尼接下来做了三件事情：

（1）含着鹅卵石说话（让自己口齿清晰）。

（2）站在海边对自己演讲（让声音变大）。

（3）站在铜镜前练说话（纠正肢体语言）。

终于，经过长年累月的练习，他把自己变成了一位伟大的雄辩家。这就说明，声音会影响人们的心理感受，影响我们对他人的判断，而这已经在古希腊时期就得到了佐证。

这有没有让你联想到一部经典的香港电影，周星驰拍的《九品芝麻官》。剧中，周星驰饰演的角色为了练就超强的辩论口才，面朝大海，最后把海里的鱼都说得飞起来了，海水都爆炸了。

当然，周星驰那个电影是搞笑片，大家有没有看过另一部电影——《国王的演讲》。好几年以前这部电影非常火，讲的是英国国王乔治六世，他自小怯懦，还患有口吃，无法在公众面前发表演讲，这令他接连在大型仪式上丢丑。经过语言治疗师莱纳尔罗格的帮助，国王慢慢克服了心理障碍。他临危受命，在二战前发表了著名的圣诞讲话，鼓舞了当时的英国军民，联合起来抵抗德国法西斯，为第二次世界大战的胜利，做出了不可磨灭的贡献。

还有一个真实的案例，就发生在CZ老师的身边。CZ老师的一个老朋友，曾经真的有口吃，为了克服口吃问题，他参加了许多演讲俱乐部。每次去台上发言的时候,他都会卡住,说不出话来。但他用了一个极为残忍的方法来纠正自己,注意了,大家千万不要学,很残忍,就是他在台上发言的时候,只要口吃了,就扇自己一个耳光,一直扇到不口吃为止。他最终在3年后,获得了全国演讲比赛的亚军。至今他仍然在演讲的舞台上活跃着,特别有意思的是,只要他上了讲台,说话就很流利,但是一下来,回到生活中,还是会口吃。这是一个绝对真实的案例,但这个方法我不推荐大家使用,这是普通人无法想象和做到的。

接下来,CZ老师就会围绕着声音,来给大家讲解,如何通过改善我们的声音要素,来提高自己的演讲能力。

首先,我们来了解一下演讲时的声音到底包含哪些要素。这些要素分别是:音量、音色、音调、语速、强调和停顿。我们先来讲讲音量、音色和音调。

要素一:音量

关于音量,我们曾经在《三个妙招,秒变演讲老司机》的第一招教给了大家,说话声音大2倍。当时我们也提到了,因为你来到台上要面对很多观众,不再是台下一对一的沟通,所以,不能再用你原先正常说话的音量了。作为一个演讲者,到了台上,音量小显得说话有气无力,对方觉得你内向而胆小。说话声如洪雷,对方觉得你粗鲁而压迫。放大到正常音量的2倍,听上去就有力、自信,且底气十足。

要素二:音色

音色和音量不一样,音量很容易通过训练改变,说话大声点就显得有气场了。但是音色能不能改变呢? 人的音色是由天然物理属性决定的,就是由你的声带结构和共鸣腔来决定。举个例子,像唱歌的歌手那样,每个歌手都有特定的音色。比如王菲,很多人说她的音色是空灵的。但你不能简单地用音色的好和坏来评价一位歌手。因为有的歌手声音很沙哑，可是观众也很喜欢，比如阿杜。

音色只是对你声音的一个特征描述，如果用科学的语言来描述音色，可以说，音色就是你声带振动形成的无数个不同频率的正弦波的叠加组合成的特征波谱。怎么样，看懂了吗？没看懂？没看懂就对了，CZ老师本科学的专业是——物理学！

音色是很难改变的。有一次上课，有个同学问，王菲怎么变阿杜？变不了！有另外一个同学说，可以啊，只要王菲天天抽烟、喝酒，很快，嗓子就坏了，就变成阿杜了。这个同学说的还真有点道理，不过王菲变成阿杜以后，估计再也变不回来了。开个玩笑，两位歌手的粉丝请不要介意。对于演讲者来说，没有绝对的标准说明你的声音好听还是不好听。只要找到适合自己的声音特征就可以。

要素三：音调

我们拿歌手来做比较，所谓音调，指的就是声音的频率，也就是声音的高低。音色无法改变，但是声音的高低可以改变，或者说，可以部分改变。为什么这么说呢？每个人有自己所谓的"音域范围"，就是高音能够到多高，低音能够到多低。音调是可以改变的，但只是在自己的音域范围内才可以发生改变。

比如，你给CZ老师唱个海豚音，行吗？不行也没事，因为作为演讲者，是不是真的需要像歌手那么大的音域范围呢？答案是根本不需要。歌手需要飙高音走低音，但是演讲者不需要。正常说话的时候，只要用到你声音的中间频率就可以了。你不需要对你的音调进行非常大的调整，只要正常的频率，所以，我们作为演讲者不用像歌手一样每天起来吊嗓子。那么，如何才能找到最适合自己的发声方式呢？如何运用好音量、音色和音调，在演讲的时候做到抑扬顿挫呢？

接下来，我们一起来认识一下重要的发声器官。

我们知道，人最重要的发声器官，就是声带。声带是排名第一的发声器官，为什么呢？很简单，人如果没有声带，那就是个哑巴。而且，在我们谈到音色和音调的时候，也说过，人的音色，大部分就是由天生的器官决定的，主要也就是声带。

除了声带以外，还有一个重要的发声器官，大家可能想不到，在你的腹腔和胸腔之间，有一个地方叫做横膈膜。谈到横膈膜，我们就要先来谈谈所谓"腹式发音法"。很多人觉得腹式发音，就是腹腔发音，声音从腹腔里出来。但其实没有所谓的腹腔发音，因为腹腔根本不是一个共鸣腔。想象一下你的肚子里装了啥？都是软绵绵的肚肠。只有在一种情况下你的腹腔才会共鸣，那就是肚子饿的时候。

所以，所谓腹式发音，其实指的就是利用横膈膜的力量来加强发声的能量。关于腹式发音也好，腹式呼吸也好，我们将在下一篇给大家再仔细说一说。这里我们先要帮你搞清楚发声器官到底有哪些，以及如何调整你的发音状态。

接下来我们一起来认识下真正的共鸣腔，也就是所谓的"五大共鸣腔"。

五大共鸣腔分别是什么呢？来，我们一起来做个小练习，找找你的共鸣腔在哪里。请你把你的手放在你的肚子上。刚才已经说了，腹腔不是共鸣腔。我们把手慢慢往上移到胸口，第一个共鸣腔叫胸腔。胸腔共鸣的方式能够给人一种浑厚有力的说话声音。但是我们平时很多人说话的时候并不会过多地用到胸腔的共鸣，老外好像比较擅长用胸腔共鸣，说话一般比较大声，比较有力。

再往上走，把手放到你的脖子上，这里就是喉腔。喉腔是我们平时说话用得最多的腔体，尤其是咱们中国人。普通话的发音方式，决定了我们有部分人平时说话吐字都是从喉咙里出来的。而喉腔里面有我们最重要的发声器官——声带。很多人为什么说话时间长了会嗓音嘶哑，就是因为过多地使用喉咙发声，喉腔共鸣，导致声带长时间拉扯而受损。以后我们还会进一步解释如何避免声带受损，教大家一些小妙招。

我们再把手移到嘴巴的部位，这里就是你的口腔了。毋庸置疑，口腔是你发音吐字最重要的器官。口腔里有三个部位跟说话吐字相关，分别是唇、齿、舌，这三个部位的紧密合作就决定了你的普通话标不标准。发音是否清晰准确，就是由你口腔的唇齿舌的位置决定的。想要纠正普通话的发音，无非就是找到唇齿舌的准确位置而已。

再往上走，摸着你的鼻子，这就是你的鼻腔。鼻腔平时是否要用到呢？用不用得到，你感冒了就知道。当你感冒的时候，你一说话，就知道自己的鼻子塞住了。可见平时说话的时候，你一定会用到鼻腔共鸣。有些歌手的鼻腔共鸣非常明显，比如刘德华，每次唱歌的时候鼻音非常重，因为他的鼻子非常大，所以鼻腔也大。

我们再把手放在额头上，这是一个比较特殊的腔体，叫颅腔。颅腔什么时候会发生共鸣呢？你有没有去唱过卡拉OK？在卡拉OK里唱歌的时候，刚进去是不是要先拉拉嗓子，有没有试着飙两首高音。先来一首《死了都要爱》，再来一首《青藏高原》找找感觉。有没有发现飙高音的时候，其实脑袋有一种嗡嗡作响的感觉，这说明颅腔共鸣就是在你发高频率声音的时候会用到。在著名的歌唱节目《我是歌手》中，很多歌手唱到高潮部分，都会紧皱眉头，闭上双眼，额头向前声嘶力竭，这就是因为他们在努力地用着颅腔共鸣。

总结一下，五大共鸣腔分别是胸腔、喉腔、口腔、鼻腔和颅腔。注意，没有腹腔。

讲到这里，大家有没有发现你和电视台播音员的讲话方式是有很大差别的呢？播音员也好，歌手也好，他们都会很灵活地运用他们不同的腔体，再加上对声带、横膈膜和腹部的合理控制，他们的声音就会特别好听。你可以深吸一口气，如果把自己的声音沉下去，是不是发现自己的声音变得深沉而浑厚？如果让气息用力往上走，是不是发现自己的声音变得清脆而有穿透力呢？所以你的音色、音调是可以随着气息的流动和共鸣腔的运用而发生变化的。

那么到底应该如何运用好这五大共鸣腔，来改善我们演讲时的音量、音色和音调呢？让我们在下一篇为大家揭晓。

认识声音对演讲的重要性，就会有意识注意自己的声音训练。

10

抑扬顿挫，
要耐力也要爆发力

声音影响超想象，全靠五大共鸣腔
腹式呼吸双练习，争做中国好声音

声音演讲培训师马丁·纽曼曾经为英国前首相戴维·卡梅伦做演讲辅导。当时英国首相还是戈登·布朗。马丁就发现每次议会辩论时，布朗的声音沉着有力，展示出一副"大权在握"的强势形象，而卡梅伦有时随着辩论程度愈加激烈，音调越来越高，最后就像小孩子一样尖利。因此，马丁让卡梅伦的声音沉下来，通过对声音的把控，来提高卡梅伦的支持率。最终，卡梅伦也把布朗踢出了局。这就说明，通过改善自己的声音，可以大大提高演讲的影响力。

上一篇，CZ老师已经和大家提到音量、音色和音调的相关知识，结尾留了一个小悬念，既然我们知道了对音色和音调有影响的五大共鸣腔，那么我们如何通过运用我们的五大共鸣腔来改善自己的音色和音调呢？

在教大家训练方法以前，我们先来思考一个问题，为什么主持人和播音员的声音可以如此浑厚有力呢？要想理解这一点，我们要从两个角度来思考，一个是呼吸的频率，一个是吸氧量。

先来谈谈呼吸的频率。请问，演讲者来到台上以后，他的呼吸频率，比平时不说话的时候，是增加了还是减少了呢？这个问题貌似有点难，那我们换一种问法。请问，演讲者来到台上之后，他的呼吸次数应该比平时增加，还是减少呢？仔细回忆一下播音员或者主持人说话的方式，你可能就会想明白了，播音员一口气可以讲很长一句话，而同样一句话换成你来说，可能你得换三次气才能讲完整。答案是一个好的演讲者，在台上的呼吸次数会减少到正常呼吸的三分之一，甚至五分之一；他呼吸频率也会下降，也就是呼吸次数会比正常人少很多，他说一句话才呼吸一次，你已经呼吸了三次。

好了，问题又来了。既然演讲者的呼吸次数减少为正常呼吸的三分之一，那么演讲者可能出现什么症状呢？没错，缺氧。你有没有遇到过这样的时候，有件事情你特别着急和别人说，"哎呀，有个非常重要的事情我跟你说啊，那个，哎呀，我缓一下……"说到最后上气不接下气，有没有快要晕过去的感觉呢？和朋友去唱卡拉OK，先来一首《死了都要爱》，唱到最激动的高潮部分，用力过猛，一口气缓不过来，会不会有一种头晕目眩真的死了也要爱的感觉？

没错，因为你呼吸次数少了，吸入的氧气也就减少了很多，所以就会出现缺氧的症状，头晕眼花。那怎么办呢？要成为一个好的演讲者，难道必须要晕倒在讲台上吗？

其实答案很简单，让我们做个简单的数学题。为了不晕倒，既然演讲者的呼吸次数减少为正常呼吸的三分之一，那么你每次呼吸吸入的氧气量必须是正常情况下的3倍。吸氧量增加3倍，这可能吗？CZ老师想告诉你，完全有可能！因为平时我们正常呼吸，只用到了肺活量三分之一左右。所以接下来CZ老师要教大家两个最基本的练习，很多播音员和歌手都会做的练习。这两个练习做好了，可以让你一口气说更长的时间，而且不头晕，不会上气不接下气。准备好了吗？开始吧！

练习一："深吸慢呼"

这个练习的目的，是培养演讲者的耐力，也就是如何长时间讲话不累。首先做一次深呼吸：吸气，呼气。我想告诉你，其实平时我们的深呼吸做得都是不到位，并没有达到自己最大的肺活量。那么，如何才能用自己的最大肺活量来呼吸呢？你应该这么做：吸一口气之后，不要就此打住，要用力继续吸，用力多吸几次，一直吸气，直到感觉你的肚子和你的胸口鼓了起来，快要爆炸了！

这次不是开玩笑，CZ老师每次做这个练习的时候，还真的有一种整个胸口连着整个肚子一起都要爆炸的感觉。这个时候就说明，找到了你的最大肺活量了。这就是"深吸"。那么接下来要"慢呼"了，找到最大肺活量之后，就要慢慢把气吐出来，如果你能控制好你的气息，让气流越慢地出来，就说明你的耐力就越好。想象一下，一个长跑运动员，他的耐力非常好，他跑步的时候，呼吸是不是三步一吸，三步一呼？你的气息越长，一句话就可以说得越久，你的演讲耐力就越好。

来，我们一起练习一下：还是要先深吸一口气，吸足了，感觉胸口要爆炸了，好，现在把你的食指和中指并拢，放在你的嘴唇前方，把嘴巴微微地撅起来，然后开始慢慢地放气，感觉你的气息从手指缝里慢慢溜出来。越慢越好，你控制得越好，以后你演讲时也就越容易做到抑扬顿挫。现在，你和我一起做练习，慢慢吐出来，把气给吐干净，完全吐出来。

好了，这就是我们说的声音耐力练习。恭喜你，刚才的耐力练习，你做得非常棒，持续做这个练习，那么你在台上讲的时间就算很久也不会觉得累。接下来，第二个练习。

在开始第二个练习之前，我先问你一个问题：你养过小狗吗？你有观察过小狗是怎么呼吸的吗？小狗在喘气的时候是怎样的呢？

练习二：狗喘气

大家不要笑，这个方法是我从上海电视台的一位首席新闻播音员那里学来的，很多播音员和主持人都要做这样的练习。如果说，第一个深吸慢呼练习的目的，是为了提高演讲者的耐力的话，那么这第二个狗喘气的练习，就是为了提高演讲者的爆发力。

那我们应该怎么做呢？其实狗喘气是比较快速但是比较浅的一种呼吸方式，深度不够。而我们的练习，要在狗喘气模式的基础上，加入第一个练习的深度，也就是既要深呼吸，还要快速呼吸。想象一下，把你的肺当作是一个风箱，深吸一口气，快速吐出来，然后再吸气，再迅速吐出来，就像在拉一个风箱，不断快速地拉风箱。这个练习是有难度的，因为快速呼吸导致氧气吸收不充分，你可能会产生如下症状：头晕，眼冒金星，手心出汗，双腿发抖。

　　如果出现以上症状，请你赶紧找个椅子坐下，因为你之前可能没有做过这样类似的练习，就好比你一个天天坐办公室很少运动的人，突然被我拉回大学校园的操场上，来一个一百米短跑，你很可能眼冒金星晕倒在了跑道上。提醒一下，如果你有哮喘病史，我建议你就不要做这个练习了，可能会诱发哮喘。

　　如果没有这个问题，我们再来努力一次，深吸一口气，感觉你的肺快爆炸了，然后迅速把肺里的空气吐干净，像拉风箱一样，连续做10个来回。有没有累到不行，但回过神来却觉得神清气爽？多做这个练习，你的肺、胸口的肌肉，还有你的横膈膜会更加强壮，你也更加容易控制自己的发音器官了。

　　这就是CZ老师要教给大家的两个声音练习：深吸慢呼和狗喘气。希望通过这两个练习，能够帮助你从音量、音调和音色三个方面，运用好你的共鸣腔，让你说话更有魅力，演讲更有耐力，真正成为能够灵活运用自己气息的抑扬顿挫的中国好声音。

　　想要和电视台播音员一样说话好听，就要多加练习"深呼慢吸"和"狗喘气"。

口出陈瑋

11

放慢语速，
刻意练习强调停顿

11. 放慢语速,
刻意练习强调停顿

CZ老师

演讲的声音
语速 把控现场 概念 五大 共鸣腔
强调 练习 深吸慢呼
停顿 洪亮 声音 气始强 狗喘气
顿挫 抑扬

把控现场观众心态的三个技巧

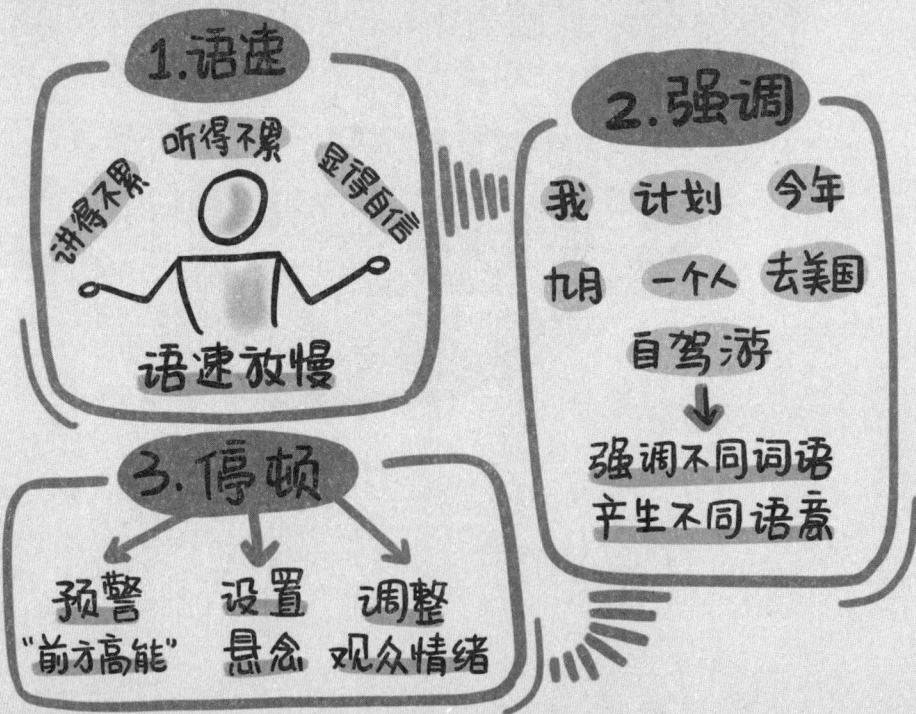

1.语速

讲得不累 听得不累 显得自信

语速放慢

2.强调

我 计划 今年
九月 一个人 去美国
自驾游
↓
强调不同词语
产生不同语意

3.停顿

预警 设置 调整
"前方高能" 悬念 观众情绪

> 语速适当放慢点，别人才能好理解
>
> 停顿留白有悬念，收服观众注意力

声音洪亮，抑扬顿挫，可以让你显得气场强大。那么，如何灵活地运用语速和停顿，把控现场观众的感情波动和心态，收服观众的心呢？这一篇我们来聊一聊语速、强调和停顿，如何运用这三个技巧，在演讲中想尽一切办法，抓住观众的注意力。

语速

你知道自己说话的语速吗？很多同学都对我说，CZ老师，我一上台，语速就不自觉变快了，说话跟机关枪一样，听众都跟不上我的思路，听不明白我在说什么。你有没有这样的困惑呢？

在工作中面对面沟通，我们用的就是平时说话的正常语速，因为对方就在你的面前，注意力在你身上，离你也不远，所以没有关系。但是，想象一下，当你来到台上，每个人的注意力不一定在你身上，也许只是看了一眼手机，也许是和边上的朋友说了一句悄悄话，也许是旁边走过一位美女。很可能不小心就走神了。所以如果你讲得太快的话，可能大家只听到50%的信息。为了信息的准确传递，我们必须放慢语速，让对方的思维节奏可以跟上现场的情况。

所以，演讲的时候，要刻意放慢语速。

演讲时的平均语速应该比日常对话稍微慢一些，保持中等偏慢的语速。原因有以下几点：

第一，演讲者不会太累。因为对于长时间的演讲来说，讲得太快，体力下降，会影响整体演讲的效果。

第二，听众不会太累。语速太快，会让听众很费力地去跟上你的思路；而放慢语速，听众则更加清楚演讲者要表达的意思，也有了更多的思考和消化的时间。

第三，显得你很自信。语速很快反而显得你很紧张。使用中等偏慢的语速讲话，能够很好地控制场面，表示你是非常有自信的。

放慢语速要刻意而为之。演讲者一上台可能会紧张，就不停地讲话。所以你上台的语速本来就已经比平时说话更快了。因此你只有刻意减慢语速，才有可能和平时说话语速一样或者稍微慢一点，才能让观众理解你的内容。

普通人的平均语速是每分钟150字，如果你想测试一下自己的语速，可以用你自然且谈话式的语气，大声阅读报纸或者杂志上的文章，同时做3~4分钟的计时。随后用所读文章的数字，除以你所读的时间。如果你每分钟超过200个字，那么由于信息量太大，你的听众可能完全无法听懂你的话；如果每分钟少于100个字，则太慢，导致听众接收到的信息太少，从而陷入进退维谷兴趣索然的境地。

如果你去看一些大师的演讲，会发现他们上台不会紧张，他们演讲时用的也不是平时说话的语速，而是会刻意放慢自己的语速。因为本来讲的内容就有难度，观众需要时间理解。如果讲得太快，观众连思考的时间都没有。他们可能听到了你说的每一个字、每一句话，但是无法跟上你的思路去理解你的话。

语速对于演讲而言太重要了。太快，听众听不清楚；太慢，听众觉得乏味而且浪费时间。总体而言，要保持中等偏慢的语速，提高音量，保持充足的气息，在短语之间适当停顿换气，就会显得更加自信。

强调

想象一下，当你在做PPT的时候，你是不是经常会用大号字体和粗体，来强调你要表达的重点呢？但你在说话的时候没有PPT，所以，就需要通过声音的重音来强调我们要重点突出的内容。声音的强调，就好比用大号字体和粗体做PPT一样的效果。

我的一个学生在开场的时候喜欢通过吼叫一声"哈"吸引听众的注意力。虽然这个开场很糟糕，大家千万别这样，不过确实说明，有力量的声音，能引起大家的关注。

你可以试试看用一直不变的低沉语调来说这句话："大家好，非常高兴有这个机会和这么多同事在一起做一个分享。那么我今天的分享会从以下几个方面来谈一谈我对这个项目的看法，也听听大家的意见和建议，相信大家听完我说的以后呢……很快就会进入梦乡……"没错，一成不变的语音语调，会让大家很快就进入梦乡。

说话必须有重点，有强调。强调一个句子中的不同部分，可以表达不同的含义。所以表示强调的时候，你要清楚明白自己到底要强调的是什么，然后再去有意识地强调这个词语。试试看，下面这句话，对下划线处的不同词语来进行强调，就可能会有完全不同的意思：

（1）我计划今年九月份一个人去美国自驾游。（我说的是我，不是其他人。）

（2）我计划今年九月份一个人去美国自驾游。（只是计划，还没实行呢。）

（3）我计划今年九月份一个人去美国自驾游。（不是明年，不是后年，是今年。）

（4）我计划今年九月份一个人去美国自驾游。（不是八月份，不是十月份，是九月份。）

（5）我计划今年九月份一个人去美国自驾游。（独自一个人，不跟家人朋友去。）

（6）我计划今年九月份一个人去美国自驾游。（不是英国，不是澳大利亚，是美国。）

（7）我计划今年九月份一个人去美国自驾游。（旅游的方式，不是跟团游，是自驾游。）

所以，强调很重要，强调对地方也很重要。

停顿

停顿是强有力的武器。

我们在学生时代有没有经历过这样的时刻。快上课了,我们在下面吵吵闹闹地说话。铃响了,老师走进教室,"大家不要讲话了啊,上课啦!"没有人理她。"大家不要再讲话了啊,上课啦!!"还是没人理她。这时候老师突然安静了,站在讲台上不说话,面带微笑,用眼神扫视着大家。这时教室里叽叽喳喳的声音反而慢慢减弱,大家都不知道发生什么事情了,老师居然不说话,同学们紧张得纷纷坐下,谁也不敢说话了,整个教室变得鸦雀无声,大家都看着老师的脸,满脸奸笑。

你看,老师利用了停顿的技巧,反而让大家安静了下来。有时候停顿比扯着嗓子喊让大家安静更有效。这就是停顿的力量!

演讲中的停顿主要起到了三个作用:

第一,预警"前方高能"。

停顿的方式有利于观众保持注意力,就好像如果一个房间很安静的话,就连掉下一根针的声音都可以听见。如果停顿两三秒,全场一片肃静,观众肯定就会格外关注你接下来要讲的话。

第二,设置悬念。

比如演讲的开头,你先抛出一个问题:"今晚我给大家准备了一个惊喜,大家想知道惊喜是什么吗?"此刻停顿几秒,想必全场都伸长了脖子,想看看你准备的惊喜。虽然是虚张声势,但也无伤大雅。多挖掘自己的演讲可以设置悬念的地方。比如,如果你只是说:"去年我和团队进行了研发工作,首先是……"那就很平淡无奇。如果你换成:"去年研发产品时,我只有一个感受——"此处停顿3秒,然后接着说:"绝望!"大家就会很感兴趣,你到底为什么绝望,非常期待你接下来的内容。

第三,调整观众的情绪。

你可以通过声音来改变观众的情绪。为了不让听众因为你的演讲感到疲怠和厌烦，我们要通过声音的变化来保持听众对你演讲的注意力。刻意地放慢语速，加入强调和停顿，会让你演讲的时候更有气势，让观众更愿意听，也更有说服力。那我们平时用什么方法才能更好地锻炼控制语速、强调和停顿的能力呢？

CZ老师给大家推荐一个最好的办法，那就是，给孩子讲故事。你会发现，当你给小朋友讲故事的时候，如果你讲故事的时候很平淡，"嗯，在很久很久以前，有一座城堡里，住了一位美丽的公主。"小朋友肯定会说，爸爸，你能不能好好讲？一点都不好听。为了让孩子更愿意听你说话，你的语音语调就会不自觉地变得夸张而有味道，你可能会觉得有点刻意，但没关系，因为连小孩子都懂得，要想讲话有魅力，就必须要学会抑扬顿挫的语音语调，结合语速、强调和停顿。

如果你还没有孩子，那么除了讲故事之外，还可以用一个办法来练习，那就是念诗。大声朗读自己喜欢的诗歌，配上音乐。感受一下沉浸在自己声音中的世界，享受着文字的愉悦和语言的魅力。CZ老师特别喜欢一个读诗的公众号，里面有很多的名人名家，都会在那里用自己的声音念一首诗或者一篇散文给大家听。当然你也可以选择加入一些演讲和朗读的社群，找找你身边的俱乐部，多去参加活动，多上台演讲。每天和大家一起朗读、演讲，可以很快地提高你的演讲能力。

总结一下，语速、强调，还有停顿，如果用得好，你的演讲能力可以大幅度地提高。如何更好地练习，给孩子讲故事或念诗，或者加入演讲社群。赶快加油，你一定可以越来越棒。

语速、强调、停顿，三个技巧，可以让说话更加抑扬顿挫。

演讲开场，
如何勾住听众的心

还有10分钟了，你即将出场演讲，想象一下等候的观众：他们可能是公司的潜在客户，冲着你关于最新产品的说明会而来，他们陆续到场，入座后一边喝着咖啡，一边用电脑回复邮件，或者用手机在刷朋友圈。他们也可能是你公司的大领导，坐在豪华办公室里，身前的桌上堆满各种文件，对你准备的新方案有生杀大权。他们也可能是一屋子的投资人，通过你的演讲来决定是否投资给你的初创公司，让你扩大规模，他们一边等待演讲开始，一边还要担心纳斯达克的行情。

好吧，不得不承认，你的听众可能一开始心思并不在你身上。就好像你要去追求一个并不喜欢你的女孩，可想而知，你的胜算有限。这些准备听你演讲的人，想的都是其他地方发生的事：下一场会议，新的产品推广会，另外的投资机会，或是即将要上交的报告。如果你一开场，话不到三句，就让这些人对你失去了兴趣。那么，接下来会发生什么，可想而知。

所以，当观众进入演讲现场之后，你要使出浑身解数，想尽一切办法不让他们离开。那么，演讲开场怎么才能勾住听众的心呢？我们首先要解决三个问题，或者说，开场白应该达到的三个目的。

目的一：抓住注意力

开场白的第一个目的就是要迅速抓住听众的注意力。除非你的演讲根本不希望大家听，希望大家都在睡觉，然后你赶紧讲完就走人。否则，任何一个正常的演讲者都是希望大家关注他,希望每个人都认真听他的演讲。因此,抓住注意力成为你开场要做的第一件事情。特别是今天有一天的会议,而你却被安排在下午两点的时候上台演讲,这是一天当中最糟糕的一个时间,当你接好电脑,自信满满地走上台,准备开始你的演讲的时候,你抬头一看,发现台下的观众早就已经进入了梦乡。当然,这不是你的错,要怪就怪你之前的演讲者,成功地把大家都给催眠了。

此时此刻你非常痛苦,因为没有人注意你,而你就必须把他们抓回来。当然,抓住注意力还要讲方式方法。有一次有个学生跟我说,"CZ 老师,我有一个抓住注意力绝佳的方法,屡试不爽,每次都能瞬间抓住观众的注意力。"我说,"这么好的方法,赶紧上来和大家分享一下。"只见他走上台,面带微笑,气定神闲,深吸了一口气,大吼一声:"哈!"当时,我们在场的同学们都惊呆了。果然,这种方法抓住了大家的注意力,但是很抱歉,我告诉他,抓住了大家的注意力以后,你有没有注意到,观众对你的印象并不是很好。所以,抓住注意力一定要用合适的方法。

目的二:引起聆听兴趣

很多时候我们抓住了观众的注意力以后,在那个瞬间观众是在听,但是很快他们的注意力又跑到九霄云外去了,因为你讲的内容可能十分的无聊。因此我们不光要在开场的瞬间抓住大家的注意力,还要让大家听着听着产生一种很愿意听你讲下去的兴趣。

比如,美国前总统奥巴马在2009年给中学生做了一场经典的开学演讲。作为总统,他已经不再需要吸引大家的注意力了,只要他站上台,他就是个超级明星。可是美国中学生有很多都是那种很有自我思想很叛逆的人,所以要让美国学生乖乖地坐在那里听你讲20分钟可不容易了。那么奥巴马总统是怎么做的呢?为了引起学生们的兴趣,奥巴马用他小时候在印度尼西亚的故事,讲他自己当年早上不愿意起床,经常上课睡着,被他妈妈骂的经历,引起了在场学生们的强烈共鸣，从而把他那天要讲的一个严肃的教育话题，变得轻松而有趣。每位在场学生都饶有兴趣地听总统讲下去。

目的三：解释"与我何干"

当演讲者能够引起大家的兴趣，大家喜欢听你讲下去之后，可能听众还会产生一个困惑：你讲得很有意思，故事也很生动，但你讲的内容，跟我有什么关系呢？这就是"与我何干"。演讲者一定要在成功引起大家的兴趣后，告诉听众，今天你的演讲到底会给我们带来什么样的价值，我们为什么要在那里坐一个下午听你讲，我们能从你的演讲里得到些什么，这样大家才不会觉得时间被你浪费了。

为了达到以上三个重要目的，接下来，CZ老师教大家最常用的四种开场方式。

第一种：提问式开场

有一家公司开发了一款理财软件，演讲者一开场是这么说的，"各位早上好。请允许我先问大家一个问题。在座各位有多少人有理财的习惯，麻烦大家举一下手让我看到你。"好多人都举手了。他继续问："好的，那又有多少人喜欢理财呢？"很多人又都放下了手，大家都笑了。然后他又接着说："这证明你们很正常，因为全世界有好几百万人都讨厌理财。我们公司开发了一套新的理财软件，它简单、易用，会让你的理财变得更轻松。"怎么样，这样的开场是不是很有吸引力？如果这个演讲者一上来就描述这个软件的很多细节，那么肯定无法获得观众的注意力，甚至让观众昏昏欲睡。

当然，提问虽然好，但有一个风险，可能你提的问题有点难，或者现场气氛不够热烈，没有人回答你的问题。这个时候，自问自答也是一种很好的提问方式。

人力资源总监Michael即将在全体员工大会上宣布公司新的人才战略。他很清楚新战略中有关缩减开支的政策会影响到部分员工的利益，如果他在演讲开始的时候问大家，你们觉得公司的战略重点是什么？他很清楚，这个问题可能得不到任何观众的回答。所以他用自问自答的方法开始他的演讲：

"各位同事大家好，如果我问你们，公司的战略重点是什么？不同的人可能会给我不同的答案，公司有多少人，我就会得到多少种不同的答案。我们很想努力满足每个人的需求。但是今天在这里，我必须指明公司的战略重点，只有这样我们才能同心协力，才可能获得企业的成功。"

然后，Michael就宣布了企业的人力资源新战略，而结果证明，他的演讲也非常成功。如果你提出的问题和观众的利益相关，足够调动他们的兴趣，那么，自问自答的形式是打破开场沉闷的极佳选择。

第二种：陈述式开场

陈述式开场白绝对不是平淡无奇地说话。比如，在一场互联网大会上，有一位演讲者上来是这么说的："你们知道吗？全球有一半以上的人从来没有打过电话，而阿拉伯只有4%的妇女使用过互联网。"用一个令人印象深刻的数据或者一个震惊的事实，就能吸引大家的关注。陈述的内容越是与众不同，就越让人难忘，效果也越好。当然，这些陈述必须与演讲主旨和目的息息相关。

比尔·盖茨在一次TED演讲大会上谈到一个关于教师的主题，他在开场时说："我们都需要能给我们反馈信息的人，这是我们不断自我发展的方式。遗憾的是，有一群人，几乎收不到系统性的反馈信息，来提高他们的工作效率。而这一群人，从事着世界上最重要的职业之一，我指的就是教师。"

这就很自然地引出他演讲的主题。开场这样的陈述方式却能够给人留下深刻的印象，因为老师是需要学生们的反馈来改进教学内容的，可是，他们却几乎收不到任何反馈信息？这怎么可能呢？因此这样的问题就引起了观众的好奇心，想继续听下去。因此，如果你的演讲内容中有让人非常惊讶的不可思议的事实，请把他们提到开头，来吸引观众的注意力。

第三种：讲故事开场

我们在前面就分享过一个案例，美国前总统奥巴马在面对美国的中学生做演讲的时候，开场短短两分钟就跟大家分享了一个自己的故事。乔布斯也是如此。他在斯坦福大学毕业典礼上的演讲，一上来就说自己今天只是跟大家分享三个故事而已，大家立刻竖起耳朵来听。很多的TED演讲者一开场就是用一个故事来引起大家的兴趣，让大家愿意继续听下去。开场用一个自己真实的故事，或者别人有趣的故事，都是非常容易吸引听众的开场方式。

小时候，我们每晚入睡前，可能就是听着妈妈的床头故事进入梦乡的。媒体人也有这样的共识，就是做好一篇报道，就是讲一个好故事。这是为什么呢？因为爱听故事，是人类与生俱来的共同特点。大家都喜欢听故事，那些有精彩情节的，有悬念的、扣人心弦的故事。其实，无论是一部小说、一部电影，还是一部电视连续剧，本质上来说，就是在给观众讲故事。因此，如果你开篇就来一个故事的话，就能很容易地吸引观众。在后面几篇里，我们还会专门教大家如何讲好一个故事。

第四种：类比式开场

类比就是把看似无关的两样东西进行比较。好的类比可以让观众瞬间明白一个看似晦涩难懂的问题。沟通大师杰瑞·魏斯曼曾经把演讲大师类比成按摩师，他说："发表演讲很像按摩理疗，一个优秀的按摩师从不让手离开客人的身体，同样，一个杰出的演讲家也不会让自己的演讲游离在听众的头脑之外。"

　　一个好的比喻就能够让观众更加清晰地了解演讲者要讲的内容。尤其是当你要讲公司的产品、服务或者系统方面的技术性问题,就可以找个简单的类比。你的公司开发了一套管理数据的软件,现在你要向投资人介绍这个软件。如何让投资人快速理解这个软件的发展前景呢? 大部分的投资者并不是技术方面的专家,听不懂一堆的术语。你可以这么介绍:

　　"这个软件就像是一条信息高速公路,而每一个使用者都要通过高速上的ETC通道付给我们过路费。"怎么样,这样讲是不是就很直白。言下之意就是,任何人使用这个软件,我们都有钱赚! 这是多大的市场空间! 好的类比是需要你去精心构思和策划的,需要花时间和精力。但是,如果你想出了一个精妙绝伦的比喻,让观众能够瞬间听懂你要说明的对象,相信我,这对于你的演讲,肯定是事半功倍!

　　好了,总结一下,开场要达到的三个目的:抓住注意力,引起聆听的兴趣,解释与我何干。还有四种开场白:提问式、陈述式、讲故事和类比式。了解了三个目的,掌握了四个方法,相信你的开场一定会一鸣惊人,紧紧勾住听众的心。

　　这四种演讲开场的方式都很常见,立刻尝试一下吧!

13

驾驭PPT，
你才是演讲的主角

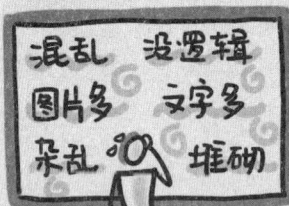

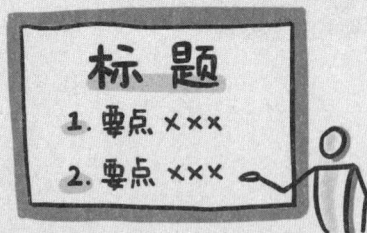

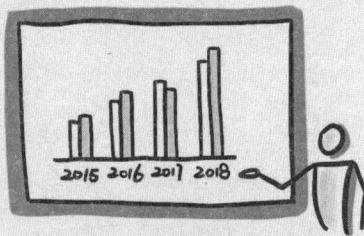

简单设计幻灯片，思路清晰是关键

图片文字勿堆砌，你来驾驭做主角

1990年，微软公司发明了一款史上最强大的演讲软件——PowerPoint，也就是现在我们每个人口中所说的PPT。此后，PPT作为演讲者的现场演示工具，几乎成了标配。有了PPT，你就像是拥有了一把瑞士军刀一样，在任何场合都可以杀人于无形——不对不对，应该是——削铁如泥。如今，全球每天同时有3 000万场演讲正在进行，而这些演讲者的电脑上几乎都装有PowerPoint。你的电脑里，是不是也有PowerPoint软件？

在职场中，我们几乎天天会听到这样的话，"明天我有个重要的演讲，我得赶快把我的PPT做好。"当我们把PPT当成了演讲必不可少的工具时，我们似乎已经忘记了PPT最初的名字——Power Point的意思，即用强大的Power帮助演讲者呈现他的Point（观点）。今天，很多的演讲者把PPT当成了主角，却忘记了，你才应该是那个表达观点的主角。

CZ老师清晰地记得，当我还在第一家企业任职的时候，有一天一大早，大领导通知所有的项目经理，下午一点钟汇报工作，但是每个人只有5分钟的时间。整个早上，项目经理们都在埋头苦干，努力地想做一份完美的PPT。下午一点，会议开始，一个项目经理满头大汗地匆匆上场，打开PPT，5分钟的演讲他整整做了50多页PPT！每一张PPT上都有密密麻麻的数字、图表和大段大段的文字。整个演讲过程，他都在用最快的语速，走马灯般地播放他的PPT。很快，5分钟到了，他的PPT还没讲完。这个时候，大领导发话了："好了好了，你可以下去了，你讲的东西我基本没听明白，下一个。"想象一下，如果你是接着上场的第二个演讲者，有没有一种送上刑场等着被处决的感觉？

假如你发现你放出来的PPT不仅没有起到作用，还让人觉得不舒服，你认为问题出在哪里呢？ CZ 老师总结了一下，可能是以下原因：PPT 太混乱，没有逻辑；单张 PPT 上图片太多，看得眼花缭乱；PPT 上文字太多，让人一点都没有阅读的欲望；PPT 上的信息和数据都是杂乱堆砌，没有经过任何处理。

为什么会出现以上的问题呢？ 原因是，很多人认为 PPT 是重点，而自己的演讲只是辅助 PPT 的，导致演讲者过分依赖 PPT 上要呈现的内容，而没有把重点放在自己的演讲上。有的人可能会说："我下周不能去听你演讲了，但是没关系，你把 PPT 发给我就行。"或者："能不能事先把 PPT 发我，我先看一下。"请问，如果大家看了你的 PPT 就能理解你要讲的内容了，那为什么还要去听你演讲呢？ 不是白白浪费时间和精力吗？ 更有甚者，有的演讲者在演讲开始前就主动把 PPT 打印出来发给观众，演讲开始后，观众一会儿看看手里的 PPT，一会儿抬头看看屏幕上的 PPT，如果你还在照着 PPT 上的内容念，那么听众手里的 PPT，屏幕上的 PPT，还有你口中念的 PPT，这样就是三次重复信息，真是浪费生命！ 有这时间还不如去郊外踏青。

记住了，我们这里是职场，所以大家一定要区分商业文件和商业演讲的差异性。记录商业信息的文件包括：年报、策略计划、市场分析和会议记录等。这些文件里，你可能会加入大量的图表、数据和文字分析。这都是无可厚非的，因为这就是商业信息呈现的方式：客观的、冰冷的，可以在白纸上打印这些要给读者看的商业文件。可是商业演讲中，有"演讲"二字，要演讲，便有"人"的存在，而且人应该是处于主体地位，来主导商业演讲的，你讲什么，怎么讲，才是关键。其他的东西，包括 PPT，都只是辅助。千万不要认为鱼和熊掌可以兼得，你既要呈现一个完美的商业演讲，又要让观众在这个演讲中获得所有详尽的商业信息，于是你就把放在文件里的所有信息全部倒在 PPT 上，结果肯定惨不忍睹。

全球顶级商务演讲大师杰瑞·魏斯曼说过："**演讲就是演讲，也只能是演讲，永远不会是对所有信息的记录**。"所以，记住了，PPT 不是用来呈现所有演讲信息的。

我们可以拿电视新闻节目做比方。如果你爱看电视新闻，比如凤凰卫视，你会发现，当主持人在播报新闻时，也会用到图表，但是图表只是配角，在画面上呈现的，最多就是一副简单的图片配上一两个概括新闻事件的关键词。主持人说的话全部都会呈现在屏幕上吗？如果都呈现的话，画面肯定就像最近很流行的直播弹幕，整个屏幕都被各种颜色的文字覆盖了，连主持人的脸都看不到了，你还不赶紧换台？所以对于演讲来说，唯一有效的方式就是以演讲者为主，以PPT为辅。只有演讲者为听众解读各种信息，PPT为演讲人提供支持，演讲者才能带领听众更好地完成整个演讲过程。

明白了演讲者和PPT之间的关系以后，我们来谈谈PPT设计的基本原则。七个字，简单简单再简单！

为什么要简单呢？我们要从人的阅读习惯说起。在古代，我们的书是从后向前，从右向左写的，但是到了现代，我们和西方一样改成从左到右了，所以大部分人后天形成的阅读习惯，都是从左往右阅读。当你打开一本书或者杂志时，都是从左上角开始阅读，读完第一行是不是就要眼睛重新回到左边读第二行了？但是，观众在阅读书籍和阅读屏幕上的PPT有个很大的区别，就是当他们的眼睛在杂志或者书本各行之间切换时，每次可能也就移动十多厘米，距离很短。可是在演讲中，如果是在一个大的会议室或者礼堂的话，播放PPT的屏幕非常大，这样他们眼睛来回移动的距离就非常长，可能要好几米。前者至少是后者的100倍！你想想，如果来回几次，眼睛肯定就非常非常累。因此，这也为什么我们强调PPT的设计要非常简单。我们应该把观众眼睛来回扫视的次数降到最低。这样你的PPT就不会夺去他们太多的注意力，他们会把更多的注意力放在你的演讲上！

了解了设计PPT的基本原则后，下面我们来具体教教大家如何快速简单地设计一份职场PPT。虽然市场上有很多教PPT的课程，但CZ老师希望通过今天教大家的四个方法，能让你轻松上手，最快掌握并运用到工作中去。

方法一：PPT只显示核心要点

假如你是生产部经理，你要进行一个关于部门发展计划的演讲，你的演讲分为几个部分，分别是：新产品线的投入、研发技术的突破、产品质量的改善、售后服务流程的更新。那么，你就可以把每一个部分的名字都作为一个要点放在PPT上。当你打开第一张PPT，上面写着：新产品线的投入。大家就会知道，在新的一年将会有新的产品线出现，并且经理接下来会详细地围绕着该产品线会进行哪些投入来讲。

发现了吗？文本型PPT就是用简明的要点写的，实际上也就是列出各个标题。那么你要讲的正文应该放在哪里呢？记住，正文不应该出现在任何一页PPT上，它应该通过演讲者的嘴巴说出来，演讲者才是主角。演讲者的职责，就是用实实在在的内容充实你的PPT框架。根据这些要点，你要讲多长时间，都可以由你来把握。你可以每部分讲几分钟，甚至半小时，都没有问题。因此，这些短小的要点就像是告诉听众文章的标题，至于正文，就由你负责讲出来。

方法二：长句浓缩成关键词

有时候演讲者在PPT上要表述的要点有点长，都快不是要点，而是一整句话了，甚至句子太长，一行都不够写。如果换行，观众的眼睛又得从上一行的结尾移动到这一行的开头，增加来回扫视的次数，给观众带来了更多的负担。记住，要点就是要点，当然不能写很长一句话，一定要浓缩成关键词，简短的标题可以在有限的空间里挤进更少的词，字数越少，字号就可以越大，标题就越醒目，给观众的印象就更加深刻。你们看新闻的标题，经常是没有冠词、介词、连词，能省就省。所以当你发现你的要点太长时，给它做个"瘦身"运动，比如，你PPT上本来想说的第一个要点是，"我们要有一条新的生产线明年投入生产运营中"，信息虽然完整但是句子太长了，整整20个字，一行根本写不下，其实你完全可以把这句话浓缩成关键词，比如，"新生产线明年运营"，怎么样，只剩8个字，是不是简化了很多，但同时传递的信息基本没变呢？

当然，为了保持信息准确且工整，我们还应该保持语法的一致。比如，每个要点可以都用形容词加名词的形式：强大的存储能力，更快的速度，更好的灵活性，更长的保修期。或者像上文的产品经理那样，名词加动词：新产品线的投入，研发技术的突破，产品质量的改善，服务流程的更新。

如果你的语法结构不一致，我们来试试会怎样。以下是一页PPT上的四个要点："投入新产品线，更好的灵活性，改善产品质量，提升的速度。"是不是很乱？在职场中，我们一定要培养自己浓缩文字的能力，这种方法能大大加快大家获取信息的时间，帮你争分夺秒地完成工作。

方法三：字体切勿太有个性

一份PPT从头到尾，最多只能使用三种字体。只有这样，听众才会觉得前后统一，传达的信息才会清晰一致。如果一页PPT上出现了三种以上的字体，观众会觉得不专业；如果前后两页PPT上的字体差别太明显，观众可能会觉得你的PPT是不是东拼西凑出来的。因此，你应该这样做：标题用一种字体，要点换另一种字体；或者就一种字体，但用两种字号，大的是标题，小的是要点。或者一种字体，两种颜色，或者同一种字体，其中一种用斜体。反正只要保证整个PPT文本给人的感觉不会有各种复杂字体和太多变化就可以了。

方法四：图表走势要左低右高

你买过股票吗？你希望打开自己的股票时，看到的曲线图走向是怎样的？是不是希望是不断往上走的图形呢？商务人士已经形成了对图表趋势图的偏好，就是左低右高，传达出一种上扬、进步的积极信号。相应地，下滑趋势的图表则隐含着消极的结果，所以左高右低的图表不符合他们的习惯。当你在制作趋势图时，如果横坐标代表的对象是不分先后顺序的，那么你就要把低的往左放，把高的往右放，形成左低右高的趋势，就会更佳容易被观众接受。

　　以上四点，是我们对职场 PPT 设计的一些基本方法。当然，在这里我们谈论的仅限于常见的职场 PPT，因为职场中很多 PPT 是要用公司模版的。CZ 老师相信，这四个方法可以尽可能快速地帮助你驾驭平时的工作 PPT。如果是一场产品发布会的 PPT，我想你应该明白，就不是那么简单了，可能要用足够大的图片、足够少的文字、足够丰富的颜色、足够大气的背景、足够美妙的动画来设计了。

PPT 的首要原则就是"简单"二字，改掉过度依赖 PPT 的习惯吧。

14

准备演讲，
四种讲稿精心排练

14. 准备演讲，
四种讲稿精心排练

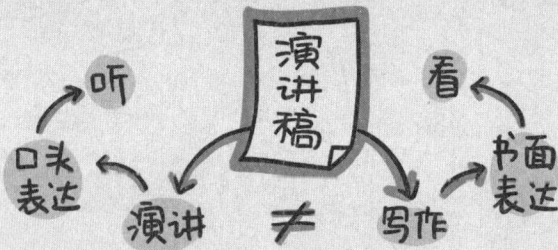

演讲稿

听 ← 口头表达 ← 演讲 ≠ 写作 → 书面表达 → 看

CZ老师

演讲稿的四种写法 & 排练方法

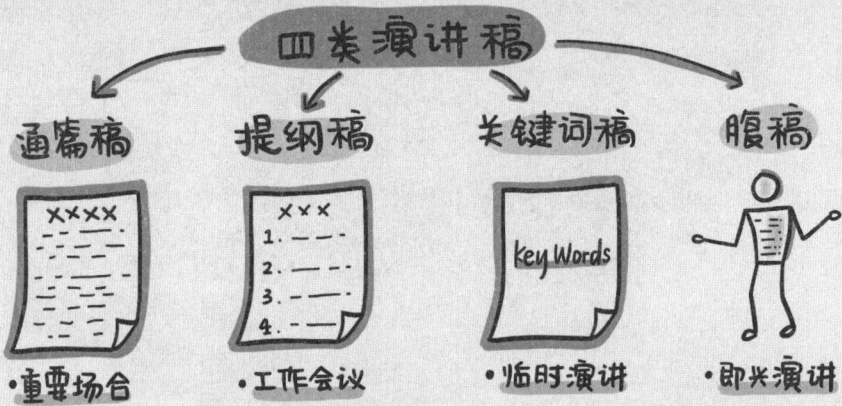

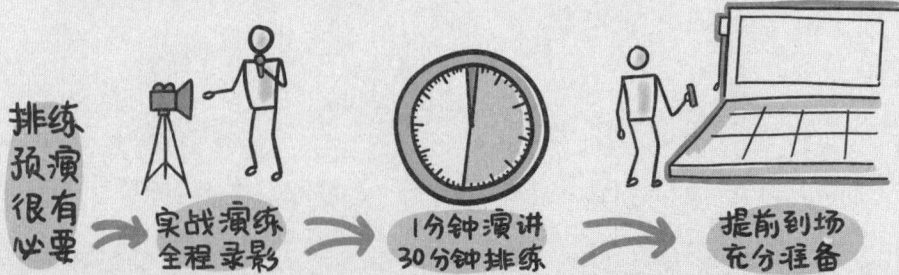

四类演讲稿

通篇稿 　　提纲稿 　　关键词稿 　　腹稿

XXXX

1. ——
2. ——
3. ——
4. ——

key Words

· 重要场合 　　· 工作会议 　　· 临时演讲 　　· 即兴演讲

排练预演很有必要 → 实战演练全程录影 → 1分钟演讲30分钟排练 → 提前到场充分准备

如何准备一篇演讲稿？相信这是大部分人对于演讲充满恐惧的原因之一。因为我们都害怕两个字——写作。记得以前在上中学的时候，写作文是我最头痛的事情，肚子里没货，怎么吐都吐不出来。我姐姐总是批评我写的东西是流水账。真羡慕那些高考作文满分的人，怎么就能自如地运用那么多华丽的辞藻，还有各种观点，第一、第二、第三，头头是道，无懈可击，不给满分都不好意思了。

但是CZ老师要告诉你，演讲和写作文其实是两码事。演讲是口语表达思维，写作文是书面表达思维；一种是用来听的，一种是用来看的。这两种思维模式决定了写演讲稿和写文章也是两码事，因为演讲稿最终是要用口语化的语言讲出来的。所以，就算你上中学时写作文和CZ老师一样很糟糕，没关系，因为一篇优秀的演讲稿，是可以用套路来写的。想知道套路的秘密吗？CZ老师来教大家四种写演讲稿的方法。

通篇稿

通篇稿就是把演讲要说的每个句子、每个字，甚至每个标点，都写好。一般你去看，领导开会念的，就是这类稿子。这类稿子一般都是秘书写的。

如果你去参加演讲比赛，假设演讲时间只有5～7分钟，那我建议要写通篇稿，而且还得背出来，否则临场发挥肯定会超时，或者内容讲不好。给你举个例子，如果你看过《超级演说家》的话，第二季有一名选手叫史浩辰

（Rambo），他是一位美籍华人，他所有演讲的稿子，都是CZ老师和他一起逐字逐句推敲打磨过的，而且他演讲之前都要全篇背出来，这样才能在5分钟内发挥出最佳的文字效率，没有废话，因为时间太短了。后来他得了全国前四名！作为一位母语是英语的选手，也是真心不容易！当然，CZ老师自己也曾经参加过 Toastmasters国际演讲会世界演讲大赛，当时我在美国，作为中国区的冠军参加世界演讲决赛，我把自己的稿子背诵了无数遍，但上台还是有点紧张，后来我还是被美国人PK掉了。而那一年最后的世界冠军，我也看到过他在后台反复背诵他的演讲稿呢！

通篇演讲稿就是要靠细细打磨、反复修改的。可能初稿先来一遍，然后再看看哪里有亮点，哪里有笑点，哪里有泪点。标注好不同地方的停顿和强调，才能达到最佳的效果。你以为TED演讲中那些精彩的18分钟演讲，不写通篇稿，能控制得那么精确而不超时吗？其背后的艰辛，只有演讲者自己才知道。

提纲稿

我们在工作中的大部分场合，演讲是有PPT的，而PPT其实就是你的提纲稿。你可以把关键的句子写在PPT上，大家可以看到，你也可以看到，而具体的内容展开，中间的链接语言，就不需要写得那么完整，自己知道就好，或者可以写在PPT的注释里面。

如果你今天的演讲没有PPT，那么你在写演讲稿的时候，可以把要说的关键句子写下来，中间那些不重要的句子，可以自己临场发挥。有些在大学毕业典礼上的演讲嘉宾，他们演讲时候大部分时间不看稿，偶尔看一下稿子，那就是提纲稿。还有就是主持人，有些主持人手里拿了小纸片，稍微看一下，然后串场，那些纸片上就只有关键的句子，以防关键时候说错重要人物的名字和重要内容。

当然，真正的高手，即使用PPT演讲，也不是写提纲，而只在PPT上留下了极少的文字，这就是第三类演讲稿。

关键词稿

它比提纲稿更简单，只有关键字，没有句子，仅仅用关键字提醒自己就好了。这类演讲者已经达到了一定的水平，他们基本上对所有的内容都烂熟于心，只要一看关键词，就知道接下来要讲什么。

比如，商业世界的演讲大神——乔布斯。他在开苹果产品发布会的时候，基本上每一页PPT上只有简单的一个或者几个关键词而已，大部分要说的话，都完全靠他那抑扬顿挫的口头语言来描述，所以乔布斯的PPT也是最牛的，信息看似最少，却传达了最精炼最有价值的信息。不要小看关键词稿，它可能反而是精华中的精华。你觉得乔布斯演讲的时候有没有背稿子呢？其实稿子都在心里，你说这算背了稿子，还是算没有背稿子呢？

腹稿

腹稿，就是稿子都在肚子里，脱稿演讲。这类演讲的挑战性最强。不过，你觉得腹稿是真的没稿子吗？我曾经在某个讲坛为袁岳老师的演讲担任过主持人。袁岳老师就是那位曾经主持过波士堂的光头大咖，零点咨询的总裁。袁岳老师没有PPT，没有任何稿子，没有提词器，一个人面对几百名观众和直播的摄像机，滔滔不绝地讲了一个半小时。为什么他能做到？是他太能讲了，不需要稿子呢，还是他早就背出演讲稿了呢？

其实是因为袁岳老师的内容早就讲过很多遍，所以即使不用稿子，他的演讲逻辑性已经千锤百炼，不再需要关键词来提示自己讲到哪儿了，他的脑子里就有一个清晰的框架。虽然他的内容千变万化，但是因为袁岳老师肚子里的货实在太多太多了，所以他随时可以拿出来说，看上去是完全即兴的演讲，那是因为袁岳老师一年要做上千次的演讲，你觉得他还需要稿子吗？

通篇稿、提纲稿、关键词稿、腹稿,这四种不同的演讲稿的写法,要根据不同的需求来定。CZ老师是怎么做的呢?对于重要的演讲场合,比如演讲比赛、演讲大会,每一字每一句都可能起到改变观众决定的场合,我会写逐字稿,打磨到自认为完美时,然后背诵,再演绎出来。如果是正常的工作会议,需要我做展示和讲解的,我会做好PPT和提纲,然后逐一讲解。如果遇到临时的演讲,我会用关键字稿,因为没有太多时间准备,我会把我要说的全部内容浓缩成一些关键字,建立一个简单而清晰的逻辑结构。

而腹稿,通常就是我非常熟悉能够倒背如流的内容,比如我最受企业欢迎的内训课程"魅力演讲技巧"。两天的标准课程内容,我说的话全部加起来都快赶上一本书的量了,难道我要写通篇稿吗?写了,也不可能背出来。所以我不写通篇稿,我做的PPT也极其简单,几乎只有关键词,而且这些关键词是给我的学生看的,我自己就算什么都没有带,也能够流利地讲两天课,因为这门课我已经上过几千遍,几乎可以脱口而出,所以基本上就可以算腹稿了。

好了,演讲稿终于准备好了,那么,我们要不要排练,该如何排练呢?

你在演讲之前会排练吗?很多人没有排练演讲的习惯,有的认为照着念就好,不需要排练;有的认为我很熟悉了,演讲对我来说是太小儿科,没有必要排练;有的是拖延症,等各方面的内容都准备完美了再开始排练,往往导致最后来不及排练;也有的怕排练的时候被别人发现了,感觉好尴尬。无论是什么理由,很多人总是想回避排练这一步。

首先,排练是非常有必要的。

排练是对自己的演讲进行正式的预演,保证正式的演讲能够达到满意的效果。同时,也是对观众的尊重,保证你的呈现是精心准备的,而不是随便去台上浪费观众的时间。

其次,排练的方式非常重要。

排练过的人,方式也不一定就正确。大部分职场中的人是这样排练演讲的,打开一张PPT,瞄一眼,嘴上振振有词地说道:"这张PPT呢,我想说的是销售收入。"然后再打开下一张PPT,"嗯,这张PPT呢,我要说的是能盈利的几个点。"然后再打开下一张："哦,这一张是我们实验室的介绍照片。"

如果是按照这种方法,翻页照着PPT念的,你觉得观众会喜欢听吗?到底是你的思路被PPT牵着走,还是你来控制PPT呢?那万一电脑出错了,你是不是就完全不知道自己该说什么了呢?关于如何正确用PPT来做演讲,你可以参照之前的章节:《驾驭PPT,你才是演讲的主角》。再看一遍,那里会教你更多的用PPT演讲的技巧。

演讲要想成功,最好的排练方法,就是实战演练。就是模拟你正式演讲那天的情形,大声讲出来。只有事先把演讲要说的内容都说出来,所有的观点、过渡和逻辑结构都过一遍,这样的实战练习,你才会把所有的细节都牢牢记在你的脑海里。并且,要全程录下你的演讲,这样你就可以对着自己的录像去纠正,知道如何改进和提高自己的演讲。或者,找一些听众做练习,让他们给你提供改进的意见。如果能够找到专业的演讲培训师,那当然是最好的。

再次,排练需要多长时间呢?

CZ老师给你一个大概的时间参考。如果是一个全新的演讲,大概每1分钟的演讲需要半个小时的排练时间,如果不是母语演讲,那么准备时间就要翻倍。也就是说,如果你要发表一个20分钟的重要演讲,你需要20个小时的排练时间。当然,如果这个演讲内容你已经滚瓜烂熟了,那就不必事先练习那么久了。但如果是一个全新的重要的演讲,比如说服客户购买产品,说服投资人给你投钱,说服老板支持你的提案,告知员工公司要缩减开支,等等,那么最好还是给予自己充足的排练时间。当然,真正上场演讲时的措辞和排练时的措辞,可能会有出入,对此要有心理准备,但也没关系。

最后,还要去现场做好准备。

在排练的同时,你还应该去检查一下你正式演讲的会场。如果不能提前一两天去,也要在当天早上至少提前一个半小时到,看看周围的环境,讲台的位置,上场的方位,灯光是打在哪里,麦克风是手持还是台式,PPT在哪里播放,听众的位置如何排列,有没有白板可以现场手写,这些细节都要一一确认,才能确保万无一失。

CZ老师记得有一次在苏州听TEDx的演讲,有一位演讲者上台后,因为不太会使用翻页器，导致PPT出问题了，结果他现场就发飙了，怪工作人员没有提前教他怎么用，他吼着让工作人员赶快上台帮忙。虽然那个演讲者讲的内容还不错，可是他留给我的印象却大打折扣，感觉缺少了礼貌和教养。

由于自己的失策，没有提前到场准备，所以临时出了状况，却骂工作人员，我相信他的表现同样也会引起其他听众的反感。因此这里提醒大家，演讲前一定要提前到会场准备。如果下面坐着的是你的领导、你的客户，你在上面做提案汇报，突然不知道怎么操作翻页笔，紧张得不知所措，或者出现其他技术问题搞不定而发脾气，想想你的老板会怎么看你呢？你的客户会怎么看你呢？

四种写稿的方法，如何排练的方法，CZ老师希望你明白，台上一分钟，台下十年功，想要你的演讲获得观众的认可，那么就要记得一定要多下功夫来准备。只有准备充分，才不会那么慌乱，你也可能轻松霸占舞台，成为演讲高手。

写稿和彩排是正式演讲的前奏，一定要重视！

克服紧张，
像初恋般不顾一切

2015年3月27日晚，《我是歌手》第三季总决赛现场正通过湖南卫视向全国几亿观众现场直播。第一轮竞演刚刚结束，主持人汪涵即将公布被淘汰的歌手时，突然，知名歌手、夺冠大热门的孙楠，打断汪涵，宣布退出比赛。听到这个消息，现场观众瞬间惊呆了，这是一场直播节目，所有工作人员都不知道该怎么办，面对这个突如其来的变化，主持人汪涵临危救场。

但即使是身经百战训练有素的主持人，肯定也会恐惧不安，不知能否处理好这个意外。最终汪涵经受住了挑战，很好地调整和把控了整个节目的节奏。那晚，韩红获得了《我是歌手》第三季的总冠军，而当晚最大的明星，却是临危救场的汪涵。从第二天网上爆料的现场截图可以看到，在汪涵下场休息的时候，还直拍着胸脯，看来现场那一刻着实惊险。

十多年前，美国曾经做过一个公众调查，了解大家最害怕的事情，结果排第二的是死亡，排名第一的竟然是公众演讲。看来，即使在美国，也有很多人觉得，比死亡更加恐惧的事情，就是公众演讲。虽然这个调查从科学的角度来说，不一定准确，但是却从一个侧面反映了人们对公众演讲的恐惧。在一些人眼里，每次上台去发言，就好像要走上断头台一样，十分无奈，万分恐惧。

为什么大家会惧怕公众演讲呢？ CZ老师就用自己的亲身经历来和你聊聊。

CZ老师对自己以前有过的恐惧经历，记忆犹新。记得在大学一年级的时候，我参加了学校的话剧社，第一次上台表演，面对的就是全校师生参加的迎新晚会，我们出演的话剧又是经典剧目——曹禺先生的《雷雨》。CZ老师当时扮演的是二公子周冲。其实，整个话剧，我只有一句台词。可是我还是非常紧张，在上台前，我就开始浑身发抖，一站到台上，面对话筒，看着下面黑压压全是观众，一双双眼睛盯着我，我的膝盖骨就开始不由自主地颤抖。没错，膝盖骨，我记得非常清楚，我很想让它们停下来不要抖，可是无论如何，都控制不住它们，直到我到了后台，膝盖骨还颤抖了 10 分钟才停下来。

人为什么上台以后会恐惧，这个疑问，CZ 老师在之前的章节当中讲过一个案例，叫做亚当夏娃式的姿态。说的就是，要理解这种恐惧感，我们首先要回到远古文明时代。在远古文明时代，人类住在山洞里，男人要出去狩猎。当你手持长矛，孤身一人在丛林中前行，抬头一看，丛林里一双双绿色的眼睛盯着你，这个时候，任何一个正常的人都会紧张恐惧。因为你本来是去打猎的，结果反而成了猎物！所以紧张感是一种自我保护机制。

而当你在台上准备演讲的时候，台下观众一双双盯着你的眼睛，就像是丛林里一双双野兽的绿眼睛，准备随时扑上来把你生吞活剥了，能不恐惧吗？那怎么办呢？逃！所以这也是为什么很多人把舞台看作要命的断头台，打死都不肯上去。有一句话是这么说的，"真正让你恐惧的，是恐惧本身。"演讲恐惧更多的是心理上的问题。

前不久我又看了一遍电影《中国合伙人》，显而易见，这是一部讲述俞敏洪的新东方创业历程的电影。邓超扮演的角色叫孟晓骏，在真实世界里，就是新东方创始人之一——徐小平。还记得里面有一个情节，当孟晓骏去美国深造回来后，被邀请上台给几百个学生做演讲，教他们如何获得美国签证。结果他一上台准备讲话时，突然台下齐刷刷的脑袋让他眩晕，各种躁动的声音让他无法集中注意力演讲，然后他在美国的一切遭遇，实验室的工作被另外一个中国人抢走，在餐馆当服务员被领班欺负，自己的女朋友对他能力的质疑，一切不堪的场景浮上心头，让他产生了强烈的自我怀疑。于是，他被轰下了台，不得不承认自己有 stage fright，即演讲恐惧症。

与此相反，在电影《勇敢的心》中，梅尔·吉布森扮演的威廉·华莱士，在面对强大的英格兰军队时，毅然挺身而出，在苏格兰同胞面前进行一番激情昂扬的演讲，鼓励大家为自由而战！"他们能夺走我们的生命，但他们永远夺不走，我们的自由！"最终，威廉·华莱士也为自由殉道。但是他的激情演讲，他的勇敢奋战,却永远留在了我们心中。

《中国合伙人》中孟晓骏对演讲的恐惧,来源于对自我的怀疑。曾经以为自己去美国后可以大干一番事业,光宗耀祖,名扬天下,不料却事业失利,生活困窘,无奈之下被迫回国。人生的挫折造成了心理阴影,进而觉得自己无法在那么多人面前,像一个成功人士一样做演讲。

而威廉·华莱士因为对自由坚定的追求和自我的强大信念,让他无往不惧,勇敢直前。自然也就能够在公众面前一呼百应,气势非凡。那么,我们如何避免孟晓骏式的演讲恐惧,像华莱士一样在公众面前激情演讲呢? CZ老师教大家三招,帮你克服演讲的恐惧。

第一招: 把演讲当作初恋

初恋? 是的,你没听错,把上台演讲当作初恋。你还记得初恋的滋味吗?还记得第一次牵女孩子的手,那种心跳加速,手心出汗,气息变短,头脑空白,瞬间触电的感觉吗? 没错,演讲的紧张感,和初恋的感觉简直一模一样。

有时候CZ老师特别珍惜那一次上台表演话剧,膝盖骨发抖的感觉,因为这种感觉一旦失去,就再也找不回来了,就像初恋一样,永远留在心里。

好吧,扯远了,其实我想说,如果你当时能勇敢地牵起女孩子的手,就证明了你同样可以勇敢地面对上台演讲的恐惧。

演讲的现场,什么突发情况都有,要么就是硬件设备出问题,话筒有噪声,门外有干扰,放PPT的投影仪突然哑火;软件也会出问题,比如现场的观众,来个刁难你的,来个质疑你的,来个既不认真听讲还大声和旁人说话的,什么情况都可能出现。所以,靠谱的做法,还是先修炼好自己的内功招式,然后以金刚不败之身,应对各种突如其来的挑战。

在演讲开始以前,如果特别紧张,那么想象一下,你即将见到你的初恋情人,紧张吗? 来,张开双臂,闭上眼睛,深呼吸,让你的身体得到舒缓和放松。你会发现心跳变缓了,慢慢不紧张了。找个PM2.5比较低的地方,窗口边或绿树旁,猛吸几口,感觉全身心都更换了一下新鲜空气,然后就准备进场,去拥抱你的初恋吧!

第二招: 多做演讲模拟演练

就好像我们学生时代做模拟考试一样,练习要做到"平时跟考试一样",等到考试时,就变成"考试跟平时一样"。练习永远是王道,平时多练习,上场就不紧张。但是要注意,练习的时候,不是穿着睡衣拖鞋"葛优躺",嘴里胡乱咿巴几句就是练习了。既然"平时跟考试一样",咱就得按着正式上场的姿态来。形象外表该拾掇拾掇,正装高跟皮鞋都备好了,咱们再开始练习。

一开始排练的时候,可以对着镜子来,你可能还很生疏,随时忘词,对着镜子方便随时调整自己的状态,一看这脚站成内八了马上调一调,还有这脸跟苦瓜似的赶紧笑一笑。这样你就可以在排练的过程中清晰地看到自己在镜子里的表现,并且随时进行纠正。

等到自己能够把演讲的内容,流利地从头到尾过一遍,就可以给自己录像。用摄像机或者手机,找人帮忙也好,来个自拍也好,录下整个演讲。然后自己回放看看,就可以抠细节,具体到每句话、每个动作,都可以寻找提升的空间,反正哪里看不顺眼就修正。

想要进一步提高,可以邀请几个观众来听你演讲,这个时间和精力成本最大,不过效果确实是最好的,投入产出比永远公平。为了省钱你可以邀请舍友或者家人,就地取材,找个小空间听你麻溜地过一遍演讲,再问问他们觉得如何。当然,你可能觉得,这样会不会很丢脸? 我非常不好意思。你知道吗? 诗人白居易,当年家家户户敲门去问老爷爷老奶奶,他的诗写得如何,当时的群众是不是也觉得这个人是神经病呢? 总之,别不好意思,群众的眼睛是雪亮的,实在没观众,可以去演讲俱乐部试试。如果能对着镜子,给自己录像,或者在观众面前做模拟演练,那么我相信,你的演讲应该有80分了吧。

第三招：不顾一切抓住机会去演讲

什么叫不顾一切抓住机会呢？不是让你在逛街的时候去商场里发表一个慷慨激昂的演说，主要是希望你去关注平时工作和生活中有什么样的机会可以演讲。

比如，今天上班开会，老板让大家发表一下对新项目的看法，你是勇敢地站起来发言呢，还是继续低头看手机刷朋友圈？再比如，朋友聚会聊天，你是主动站起来，分享一下自己的工作生活感受，还是一边骂着，这房价怎么又涨了，买不起学区房，骂骂社会发发牢骚呢？再比如，爸妈不支持你创业，你是勇敢地在父母面前说出自己的想法和计划，晓之以理，动之以情，打动他们来支持你呢，还是甩一句，"好，你们不支持我，那我自己干！"拍拍屁股走了不理他们了呢？

以上所说的每一个说话的机会，其实都不算什么正式的演讲。但就是因为你没浪费点点滴滴的机会，你勇敢地表达，所以你的演讲能力就在潜移默化中获得提高。

总结一下，把演讲当作初恋，多做模拟演练，不顾一切抓住机会去演讲。下次不要再问我如何克服公众演讲恐惧了。学好演讲没有捷径，直接走上去，搂住你的"初恋"，勇敢地"吻"下去。

克服演讲紧张和恐惧是个过程，没有捷径，勤加练习就是。

16

即兴发言，
PREP 帮你条理清晰

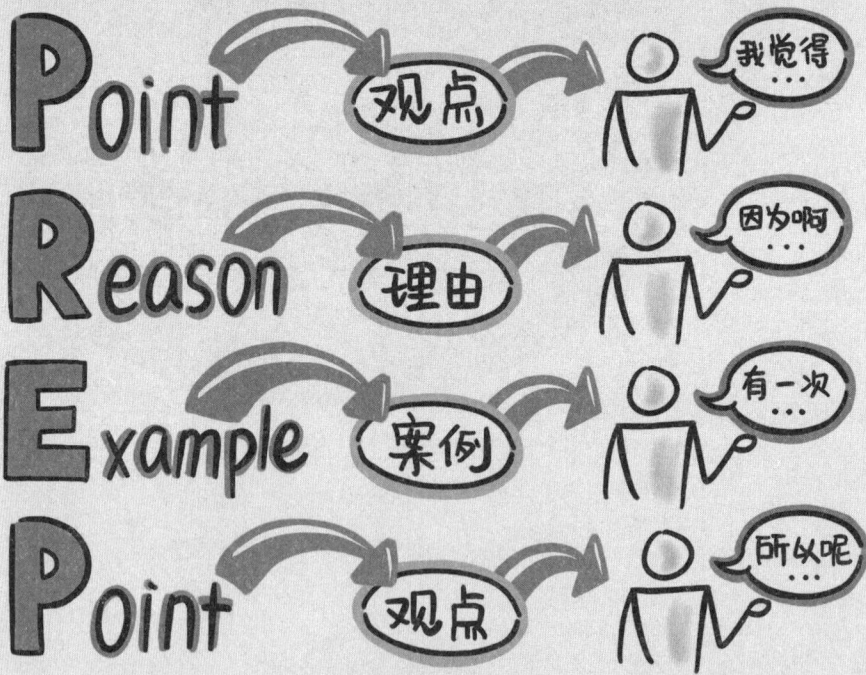

很多年以前的一个晚上，我去参加一个朋友的婚礼。当晚，主持人宣布抽奖的奖品是一台 iPad 的时候，全场的来宾都兴奋了。新郎新娘大手笔，我们参加婚礼的老同事和老朋友刚好一桌，其中一位男同事特别幸运，居然抽中了，他开心地走上舞台，主持人把 iPad 拿了出来："这位来宾，恭喜你获得了今天的大奖！在拿这个大奖以前，你有什么话要对新郎新娘说吗？"主持人把一个话筒塞到了他的手里。这位老同事，是个技术宅男，平时很少说话。今天突然来到了一个巨大的舞台上，低下头，台下掌声雷动，抬起头，台上灯光闪烁，他感到一阵眩晕，一句话也说不出来。主持人很尴尬，推了推了他，"快说两句祝福不就好了吗，很简单，快说两句啊。"

他低着头，深吸了一口气，终于开口了，他说："嗯，其实一开始，我并不知道他们俩会最后走到一起……既然他们已经结婚了，那我还是祝愿他们俩幸福吧！"所有的来宾都惊讶地抬起头来，难道这背后还有什么不可告人的故事吗？主持人尴尬得不知道说啥了："嗯，谢谢你的祝福，拿好你的奖品下去吧，各位来宾，大家吃好、喝好！"

你有没有和刚才那位男同事一样，遇到过不小心被叫上台，却回答不好问题的尴尬时候呢？除了生活中，工作中你可能会遇到更多这样的挑战。比如，今天你们部门正在开会，你的一位同事在台上做 presentation，讲方案，而你在下面偷偷刷着朋友圈。突然你的领导转头看着你："Jack，你觉得 Michael 这个方案怎么样，你怎么看？"糟糕，你刚才好像也没认真在听，"嗯，我觉得方案挺好的，挺好的。"下一次领导又问你，"Jack，你觉得这个想法怎么样？"你还是回答"挺好的"，事不过三，想象一下，以后你的领导还会再问你问题吗？他是不是会觉得，"哎，不用问 Jack 了，反正他是个没什么想法的人。既然如此，今年年底，升职加薪的机会就留给别的同事，也就不用考虑 Jack 了，让他继续混日子吧。"

不管在生活中还是职场中，总会遇到突如其来的提问，你该怎么去回答呢？让 CZ 老师和你聊聊这个话题：即兴演讲。讲到即兴演讲这个话题，我们不可避免地首先要谈一谈一个概念——"电梯演讲"。什么是电梯演讲呢？这个概念来源于美国的麦肯锡公司。

麦肯锡公司曾经有过一次沉痛的教训。有一次，公司为一家重要的大客户做咨询。咨询结束以后，麦肯锡的项目负责人在电梯间里，恰好遇见了对方公司的董事长，该董事长就随口问了一句麦肯锡的项目负责人，"你能不能说一下我们公司现在的结果？"结果该项目负责人由于紧张，而且当时没有准备好，在电梯从 30 层到 1 层的 30 秒钟时间内，没有把结果说清楚。最终，麦肯锡失去了这一重要客户。

从此，麦肯锡公司要求公司员工凡事要在最短的时间内把结果表达清楚，凡事要直奔主题、直奔结果。麦肯锡公司认为，一般情况下人们最多记得住一二三，记不住四五六，所以凡事要归纳在 3 条以内。这就是如今在商界流传甚广的"**30 秒钟电梯理论**"或称"**电梯演讲**"。

电梯法则主要是告诉人们任何计划都必须简单而有效，你的方案如果不能使本单位的员工能够听得懂，那么你的顾客一定不懂并且他们也不会买你公司的东西；此外，一个计划如果策划人在 30 秒内讲不清楚，说明计划有问题并且计划不具有操作性；同样，一个员工如果在 30 秒以内讲不清楚公司、所在部门以及他自己的任务分别是什么，那么这个员工就已经不称职了。

后来，电梯演讲这个概念在销售领域被广泛运用。想象一下，你是一名销售，你想把产品推销给一个大客户，但是这个大客户不容易找到。你去他办公室，秘书说他不在。你给他打电话，不接；发消息，不回；发邮件，也不回。怎么办，你找不到他，很失落。但是有一天，你到某个办公大楼里去找另外一家客户时，走进电梯，突然发现你要找的这个大客户，正好也在这个电梯里！于是，从你进电梯，到他离开这个电梯，你有 30 秒的时间，你能不能够抓住这 30

秒的时间,把你的产品推销给客户,搞定他呢。怎么样,很难吧?

当然,在中国,可能有些人会觉得,电梯演讲好像不太适用。因为在中国职场上,电梯里,我们一般不聊工作,只聊八卦,而且,进出电梯的陌生人之间是不会打招呼的。所以今天,我们要把电梯演讲换一个名字,叫"厕所演讲"。

什么是厕所演讲呢? 就是你在厕所里,正好遇到了你的客户或者大领导,你会说什么呢?

想象一个场景,如果你真的在公司的厕所里碰到了难得一见的大领导。大领导既然看到了你,可能他也会主动寒暄两句,他问你:"Jack,最近工作怎么样?"也许你只会说一句:"领导,最近挺好的。"也就是你没有抓住这个难得机会,给你的大领导留下任何特别的印象。

如果你可以用短短的上厕所时间,给领导留下一个好印象,是不是会对你的升职加薪有很大的帮助呢? 虽然可能大领导也只是纯粹的寒暄,并不是真的要知道你的工作怎么样,但是,如果你的回答是这样的:"领导您好,感谢您的关心。最近在处理一个客户投诉,目前给了客户几个方案选择,现在进行到收尾阶段了,客户对我们的新方案也挺满意的,也给了我们新的订单,会继续和我们合作,最近虽然加班有点多,但还是挺有成就感的。"

怎么样? 上厕所短短的几十秒钟时间,你给大领导简单明了地汇报了一次工作,如果你是领导,你是不是也会觉得,这个小伙子挺有想法,思路清晰,工作做得也很到位! 很有可能下次部门会议的时候,大领导再次看到你,就会想起上次你的汇报,"那个Jack,上次遇到我,跟我说了一个客户投诉的案例,处理得不错。来,Jack,你来跟大家分享一下,你当时怎么处理的,给大家提供一些参考。"你看,这样你就找到了一个绝佳的机会来展示你自己,让领导更加赏识你。你升职加薪的机会,肯定比别人要多。

那么,如何做到短时间之内迅速组织自己的语言,让你说的话更有说服力呢? CZ老师要教大家一个妙招,叫做PREP演讲结构。

PREP是四个英文字母,分别代表: Point, Reason, Example, Point,即观点、理由、举例、观点。这是一个非常简单清晰的演讲结构。怎么用它呢?

首先,说出你的观点。

其次,找到一个理由来支持你的观点。

再次,找到一个案例来证明你的理由。

最后,总结你的观点。

你看,这么简单的结构,是不是可以让你在30秒钟,甚至更短的时间内,组织你的语言,而且非常有说服力。现在,我们来试一下,将PREP应用到刚才的案例中。

领导问:"Jack,你怎么看刚刚Michael说的这个方案?"

先说观点:"嗯,领导,我非常支持Michael这个新方案。"

再说理由:"因为我觉得这个方案很好地解决了我们的产品目前存在的这几个问题。"

举个例子:"前段时间,有个客户跟我说,目前我们的产品就存在以上说的三个问题,要求我们尽快想办法改进。"

总结观点:"所以我觉得Michael今天提的方案可以非常好地满足客户的要求,以后客户订单肯定会更多,我非常支持。"

你看,听上去是不是很有逻辑?有观点,有理由,有案例,有总结。你完全可以用PREP结构,让领导觉得你是一个思路清晰、有想法、有说服力的人。让我们我们连起来说一遍:

领导问:"Jack,你怎么看刚刚Michael说的这个方案?"

你回答:"领导,我非常支持Michael这个新方案,因为我觉得这个方案很好地解决了我们的产品目前存在的这几个问题。前段时间,有个客户跟我抱怨说,目前我们的产品存在以上说的三个问题,要求我们尽快想办法改进。所以我觉得Michael今天提的方案可以非常好地满足客户的要求,以后客户订单肯定会更多。我非常支持。"

你看,其实Jack好像也没有说什么特别精彩的内容,但是听上去就很像一回事,是不是特别有逻辑?这就是套路的力量!

我们再来试验一下生活中的那个案例吧。女同事的婚礼现场,主持人把话筒交给了男同事:"来,给我们新郎新娘说几句吧!"

如果是一个普通人,你可能会说,"我祝新人百年好合,白头偕老,永结同心，早生贵子。"其实没有什么新意，很无聊。我们用PREP结构来试一下，看是否可以做得更好。

主持人："来，给我们新郎新娘说几句吧！"

P："我觉得我们新郎能够娶到我们的新娘，一定能够过上非常幸福的生活。"

R："因为我们的新娘是一位非常懂得照顾人、非常有爱心的好女孩。"

E："我印象非常深刻，有一次我们聚餐，有一个同事吃多了，有点不舒服，大家都很着急。我们的新娘从包里拿出一瓶双飞人药水，在他的太阳穴上轻轻一抹，哎，他一下子就好很多。我们大家都觉得，新娘是一个很懂得生活，而且特别能照顾人的人。"

P："所以新郎娶了我们新娘，真的是赚到了，一辈子肯定过得很幸福，请你一定要珍惜新娘哦。我祝愿你们百年好合，白头偕老，永结同心，早生贵子。谢谢大家。"

这样的结构，是不是让你的语言很有吸引力？如果你的领导此刻正在婚礼现场，听到你说话这么有意思，是不是会对你刮目相看呢？所以说，一个好的结构能够帮助你构建思维，也能帮助你成为一个有说服力的演讲者。

PREP，说白了，就是说话的套路。很多人说即兴演讲要靠平时积累，确实没错，如果你肚子里有很多货，你遇到即兴演讲的时候，可能会比别人更容易找到说话的素材。

有了PREP结构，即使你肚里货不多，也能把简单想法和思路用这个结构串成一条线的话，在别人听来，已经是条理清晰，突出重点了。用好PREP结构，不再惧怕即兴演讲，让你的语言更加有说服力，成为一个非常有智慧、有想法的演讲者。

职场上随时随地需要即兴发言，带上这个工具可以防身！

17

冲突悬念，
讲故事远胜大道理

17. 冲突悬念，讲故事远胜大道理

CZ老师

三大原因 爱讲故事

① 效果远大于讲道理　② 撬拨人的强烈情感　③ 制造悬念勾住观众

演讲开场讲故事吸引人的三种方法

1. 直接点题

【女人永远是最佳辩手】

2. 场景开场

好莱坞大片

3. 4W开场

When?　Who?　Where?　What?

1762年的伦敦，在一个深夜，一位英国伯爵感到饥肠辘辘，但他忙着在牌桌上赌博，没时间停下来吃饭，灵机一动，他让服务生给他拿来几片烤牛肉，将牛肉夹在两片面包中间，然后这位伯爵继续赌博，靠这种一只手就可以拿着的小吃维持体能，继续沉浸在赌博的欢乐中。他把肉夹在两片面包中间，这样玩牌的时候，手就不会弄得油乎乎的。就是在这样的巧合中，一种快餐诞生了——三明治。

怎么样，现在你知道"三明治"的来历了吧？如果下次有人问你三明治的起源，你是不是能说出来了呢？CZ老师今天给你讲这个故事，不是想告诉你我是个吃货，而是想告诉你，这就是故事的力量。一个故事，可以让听众很容易就记在脑海里。

之前我们也分享过，美国前总统奥巴马在2009年给中学生做的一场演讲。为了引起学生们的兴趣，奥巴马用他小时候在印度尼西亚的故事，讲述他自己当年早上不愿意起床，经常上课睡觉，被他妈妈骂的悲催经历，用自黑自嘲的方法，引起了在场学生们的强烈共鸣，从而把他那天要讲的一个严肃的教育话题，变得轻松而有趣。奥巴马总统一直是一个很能自嘲的总统，总是在白宫记者招待会上用苦肉计黑自己，让所有的观众都哈哈大笑，很多的政治攻击都在这大笑中不经意间被化解了。

为什么我们现在很多企业家，都要学习讲故事的能力呢？为什么我们的创业者，都要给投资人讲一个美好的故事呢？

大家都爱讲故事，有以下三大原因：

第一，讲故事的效果远远大于讲道理。

还记得小时候，你最喜欢听妈妈给你讲的床头故事吗？有小红帽、大灰狼、美人鱼、灰姑娘。安徒生的那些童话故事,一直印在我们的脑海里。前段时间我曾经在杭州西湖边的美术馆参观安徒生的童话展,里面模仿了安徒生各种故事里的人物:七个小矮人、白雪公主、美女与野兽。今天看来,我还感到格外的亲切。

为什么我们喜欢听故事?尤其是别人那些匪夷所思的或者惊心动魄的或者曲折离奇的故事,无论是街头巷尾的议论,还是同事间的八卦,抑或是口耳相传的杜撰,大家都乐此不疲地听着,津津乐道地享受着,甚至能多次准确地复述,不漏掉任何一个细节。说明故事的魅力,确实深入人心。想象一下,你是想听你妈给你讲故事呢,还是讲道理呢?

在复旦大学吴礼权教授所著的《演讲的技巧》一书中提到,孙中山先生早年在海外宣传革命的一次演讲中,为了向听众表达他的想法,告诉海外的侨胞目前祖国如何积贫积弱,需要大家一起努力把祖国变得繁荣昌盛,这样华侨同胞在海外才能有尊严有地位。孙中山先生没有讲一通大道理,反而先讲了一个故事。他在演讲中说:

"南洋爪哇有一个财产超过千万的华侨富翁。一次他外出访友,因未带夜间通行证,怕被荷兰巡捕查获,只得花钱请一个日本妓女送自己回家。日本妓女虽然很穷,但是她的祖国很强盛,所以她的地位高,行动也自由。这个中国人虽然很富,但他的祖国不强盛,所以他的地位还不如日本的一个妓女。如果国家灭亡了,我们到处都要受气,不但自己受气,子子孙孙都要受气啊!"

孙中山先生通过讲这个故事,来告知海外的侨胞,当时我们中国人的地位还不如日本的妓女,本来妓女的社会地位非常低,可是由于背后有强大的日本帝国的支持,因此地位比中国的一个富翁还高,因为当时的中国富翁的背后是无法依靠的腐败贫弱的清王朝!这一下子就触及了海外侨胞内心的痛。所以,讲故事相比讲道理,是不是更加能说服人呢?

这也是为什么,如果你的演讲里加入了故事,会非常吸引人。如果只是满腹经纶通篇道理,会让观众感到厌倦。因为故事具有很强的暗示性,让对方去体会,感觉上是听众自己说服了自己。

第二,讲故事能触动人的强烈情感。

故事思维的关键在于,首先了解哪些故事能够激发自己的情感,然后找到那些能够激发他人感情的故事。

如果你爱看小说,你会发现,故事,几乎都是纯粹的图像和情感。你把图像描绘得越具体,画面感就越强,观众就越能体会到这个人的情感。比如,你说一个人"瑟瑟发抖,双手冒汗",大家就可以感知这个人很紧张,你说"今天阳光灿烂,微风习习",说明天气很好。你说"一个人望着远方,眼里噙着泪水发怔",说明他正在独自想着很伤心的事情。

另外,故事无外乎利用人物角色和冲突,来引导和控制你的情感。比如大家喜欢看的各种爱情片,无非是男女主角出场,相识、相知,然后相爱,但是,一定会有配角出现,来破坏这段感情,可能是第三者破坏,可能是一方强势的父母反对,也可能是天灾人祸,导致男女主角分开,各自经历挫折和磨难。这就是角色和冲突。利用这些冲突,你就容易被故事里的角色带着走,甚至对号入座,想到了自己曾经的种种经历,甚至会为他们流眼泪。当年风靡一时的韩剧,用的就是这个套路。

如果你在演讲中擅长讲人物角色和冲突,那么你的听众也会被你带着走,比如,柴静的演讲《穹顶之下》,用她从怀孕到女儿出生的这段经历,来突出雾霾的严重,现场有很多观众都流下了泪水,于是就非常认同柴静接下来要说的观点了。

第三,讲故事能制造悬念,勾住观众。

蔡康永老师在他的书《蔡康永的说话之道》中提到故事能够制造悬念。他说:有一天,小明放学回到家,刚进门,发现妈妈正在和一个穿着黑西装、身材高大的男人争吵,这个男人好像是小明妈妈的上司,为了保护妈妈,小明情急之下,猛冲过去,用力推了那个男人一把,结果男人滑倒了,后脑勺一下子撞在了大理石桌的桌角上,鲜血流了出来。

好了,故事讲到这里,你肯定很好奇对不对? 男人死了吗? 如果死了,小明的妈妈会怎么做呢? 检举儿子杀人,还是帮助儿子处理尸体,还是顶罪说是她杀的？妈妈后来怎么样了呢？小明有没有被发现呢？男人的家人有没有找他呢？听众心里会出现一连串的问号。

发现了吗？讲故事能够制造悬念，也能吸引观众持续不断地关注你的演讲。

那么，为什么观众会喜欢悬念呢？俗话说，好奇害死猫，更何况是人呢，因为我们人类天生有强烈的好奇心。当然，演讲的时候，观众的好奇心，很大程度上可能是想跟别人学习经验，保证自己不会犯下同样的错误。

那么，我们应该怎么才能把故事讲得更吸引人呢？ CZ 老师给大家分享讲故事的三种开场方法。

方法一：直接点题

我今天要讲的主题是什么，我今天要讲的故事跟观众什么有关系，可以直接在开场就说出来。比如，有一个 TED 演讲，标题就是《为什么家庭暴力受害者不离开》。那位女性演讲者一开始就直接说："今天，我想聊一个令人不安的问题，这个问题的答案同样令人担忧。我要说的，是家庭暴力的秘密。而我将要回答的问题，是每个人都曾经问起的问题：为什么家庭暴力受害者要留下来？为什么有人愿意和一个打她的男人继续住在一起？"在一开场就和观众表明自己今天要讲的主题，引起观众的兴趣之后，再娓娓道来，讲自己曾经受到家庭暴力的悲惨故事。

在《超级演说家》这个演讲比赛第一季的时候，有一位我非常欣赏的演讲高手——陈铭。在他的一个演讲中，他是这么开场的："今天要跟大家分享的是一个女人和辩论的故事，题目就叫做'女人永远是最佳辩手'。"然后他开始讲，作为一个国际辩论会的最佳辩手，在生活中，却如何都辩论不过他老婆，甘拜下风的故事，逗得全场观众哈哈大笑。

开篇点题的好处就是，让听众一开始就非常明白，这个故事跟什么主题有关系，从而也有充分的时间思考，整个故事跟我有什么关系，我可以从这个故事当中学习什么。

方法二：场景开场

直接带领观众进入故事场景，让观众一下子就进入角色。其实很多好莱坞大片，用的就是这个套路。想象一下，你来到电影院坐下，电影开始了。

首先映入眼帘的，是层峦叠嶂的山峰，慢慢地，一辆火车正在山谷中穿行，车头冒着青烟，咔嚓咔嚓，咔嚓咔嚓。接着，空中出现一架直升机，呼呼呼呼，突然，直升机向火车发射出两枚巡航导弹！咻，咻，眼看导弹就要击中火车头，说时迟那时快，火车的最后一节车厢突然打开，哇！一辆红色的法拉利轰鸣着弹射而出，嗖，呼啸着向直升机飞去，直升机来不及避让，法拉利径直插入了直升机内部，嘭！巨大的爆炸声，无数的火焰和碎片掉落到了绿色的山脉中，突然，空中一个降落伞打开了，缓缓落下来一位穿了西装的绅士，右手拿着枪，左手搂着一位性感美女，缓缓落地，屏幕上此刻才打出电影的标题《007：CZ老师演讲36课》。怎么样，这个开场画面感营造得如何？掌握了好莱坞的套路，你是不是也和CZ老师一样，有机会成为下一个吴京呢？

方法三：4W开场

4W，就是When，Where，Who，What，即时间、地点、人物、事件。在一次TED演讲中，有一位演讲者是这么开场的："1819年的某一天，在距离智利海岸3 000英里的地方，一个太平洋上的最偏远的水域，20名美国船员目睹了他们的船只进水的全过程。他们和一头鲸鱼相撞，船体撞出了一个毁灭性的大洞。"你看，这里4W都出来了对吗？时间，1819年的某一天；地点，距离智利海岸3 000英里的太平洋上；人物，20名美国船员；事件，他们的船只和鲸鱼相撞，撞出了一个大洞。整个故事的框架都非常清楚明白，接下来就是细节的补充了，比如这些船员为什么在海上呢？又为什么这么不小心撞到了鲸鱼呢？最关键的是，当船撞出了一个大洞，船只进水后，这些船员怎么应对呢？还有，最后，这20名船员到底活下来了没？交代了4W，接下来演讲者就可以慢慢补充故事细节。所以，开场交代4W，把故事框架勾勒出来，然后，就按照自己编排故事细节的方式，娓娓道来。

总结一下，直接点题，场景开场，4W开场。学会了这三种故事开场以后，你的演讲一定会更吸引人。那么，很多演讲者觉得故事很难讲，关键是找不到故事。故事在哪里？我们又该如何寻找能讲的故事呢？

其实，故事无处不在。比如，还记得你的初恋吗？大家肯定很想听你讲讲第一次约会的故事。还有，你小时候有没有当众出过丑？比如小学一年级有没有跟CZ老师一样在学校里尿过裤子呢？糟糕，我不小心说出了自己的秘密，千万帮我保密！

小时候的这些场景，让你记忆犹新，讲出来就是精彩的故事。除了你可以拿来黑自己的故事，每一个你看到或听到的战争故事、趣闻逸事、评论文章都能激活听众的想象力，让他们看到、听到、闻到、摸到、尝到你的"故事"，让听众身临其境般地去体验，这就是故事的魅力。

下一次你的演讲，给我们讲个你的故事，好吗？

讲故事能力是演讲的最高境界！

18

应对提问，
4R法则轻松搞定

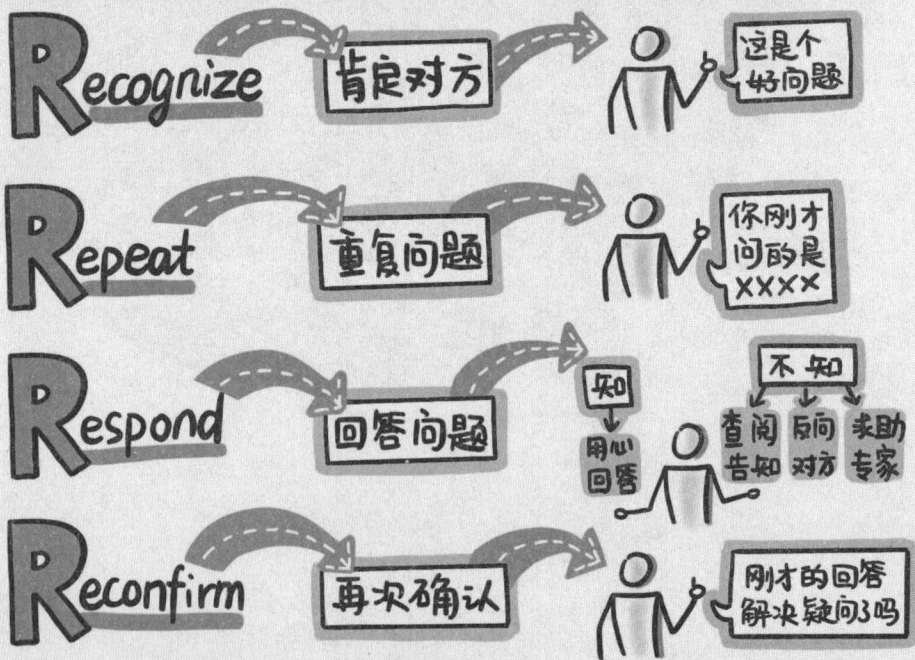

很多演讲者最害怕的就是问答环节。因为在之前的演讲部分可以是自己提前精心准备的，并且经过很多次排练的，确保了万无一失再上场去讲的，属于自己可控的范围。可是到了问答环节，就完全束手无策了。

首先让我问你一个问题，你喜不喜欢在你的演讲结束以后被观众提问呢？其实我发现，大部分的职场人士还是很害怕在商务场合被提问的。我就见过这样的演讲者，在演讲开始的时候告诉大家："嗯，因为今天的内容比较多啊，所以我在讲的过程中希望大家不要打断我，我们把问题留到最后，一起来回答。"然后，到了演讲讲完以后，他抬起手腕，看了一眼手表，说，"不好意思啊各位，时间关系，那今天就不安排提问环节了，今天我就讲到这里，谢谢大家啊。"然后就以最快的速度开溜了。你看，很多演讲者最希望的是讲完没有人提问。

那为什么我们很多人如此害怕被提问呢？原因就要从我们从小到大的经历里来找了。还记不记得学生时代，每次上课的时候，老师就会问大家，"谁来回答这个问题？"每个同学都低下了头。如果你不幸被点名了，却回答不出来，老师会说，这么简单的题目都不会？上课有没有认真听？你给我靠墙站一会儿！回家罚抄两百遍！

所以，当我们长大成人，进入职场，一来到开会的提问环节时，小时候的心理阴影又重出江湖。"哎呀，万一回答不出 Boss 的问题，Boss 会不会把我 Fire 掉？万一回答不出客户的问题，客户会不会叫我滚出去呢？"其实你想想，如果你演讲完没有人提问，这到底是好事还是坏事呢？如果你介绍完产品，所有的客户没有一个人向你提出问题，你觉得他们会购买你的产品吗？观众没有任何问题,并不是他们完全听明白了,而是他们对你的产品毫无兴趣!所以,在职场当中,有人向你提问,说明他们对你的演讲饶有兴趣,甚至可能成为你的目标客户。所以说,我们应该张开双臂,拥抱提问,甚至鼓励赞扬那些向我们提出刁钻问题的人,因为他们才是真爱!

现在让我们再次想象这样一个没人提问的场景。你的演讲完美的结束了,刚才在演讲的时候,你也费尽心机地调动现场气氛,而且大家的反应也都还不错,终于到了问答环节,你说:"嗯,我们还有10分钟,大家有什么问题可以现场提出来。"结果,全场一片肃静,"有人提问吗?"还是沉默,"一个问题都没有吗?"全场鸦雀无声,大家都低下了头。

怎么样,真的没人提问,是不是场面也特别的尴尬?你只好自言自语说:"好吧,我的演讲就到这里了,感谢大家。"收拾好自己的笔记本电脑,灰溜溜地下去了。

对于这种情况,假设真的没人提问,为了避免可能的尴尬,其实,我们可以采用自问自答的方法。在演讲的准备过程当中,你给自己准备一两个问题。如果到了提问环节,没有人提问的话,那么就问自己一个事先有所准备的问题。你可以稍微停顿一下,然后说:"有客户经常会问我这么一个问题……"或者"大家可能都想知道……",然后就开始回答自己的问题。这样做就可以避免无人提问的尴尬局面,还有可能引发观众的思考,带动观众继续向你提出新的问题。

好了,恭喜你,终于你的演讲有人提问了,这是好事,对不对?当然,我还是可以理解,你不希望别人提问的根本原因是,当你跟Boss做完工作汇报,你希望Boss不要挑战你;当你跟下属宣布一项改革计划,你希望没有下属会质疑你;当你跟客户推荐一款新产品,你希望客户对产品没有任何的疑问。但事实并不会像你希望的那样发生,所以,CZ老师要拿出秘密武器了,帮你面对任何问题,都可以轻松搞定。

这个秘密武器就是4R法则。到底是哪四个R呢?我们来一一解答。

第一个 R，Recognize，肯定对方

　　首先，要肯定对方提出来的问题。这个时候，你的身体保持稳定，目光锁定在提问者身上，并且注意用点头来表示你正处于接受对方信息的状态，可以多用"嗯"这样的语气词。等对方说完后，告诉对方："嗯，你说的这个问题很有道理。嗯，这是一个非常好的问题。嗯，感谢你提出这个问题给大家做参考。"我们为什么要肯定对方呢？第一个原因是，只有那些真正向你提问的人，他们才是真爱，值得被珍惜。

　　千万不要把对方的质疑或者问题给打回去了，甚至站在听众的对立面，做出攻击的状态，比如说："不不不，我刚才不是这个意思，你提的问题根本不对。这个问题我刚刚已经讲得很清楚了，你没有认真在听吗？啊？大家还有没有别的问题？啊，随便问啊。"你这么说话，谁还敢向你提问呢？现场非常尴尬，其他观众也会觉得你这个演讲者很没有风度和素质。因此，一定要保持演讲者的姿态，开放性地面对所有的问题和质疑，这也是演讲人素质的体现。

　　当然，有时候观众会问一些显而易见，甚至让你觉得很傻白甜的呆萌问题，这个时候你要注意了，如果你还是说"嗯，这是一个非常好的问题"，可能其他观众会觉得，哎，这么傻的问题，还说非常好？但是你不能直接说别人傻问题，那怎么办呢？你可以这么说，"嗯，这个问题，有点意思，有趣，有趣……"这样就可以很好地化解呆萌问题的尴尬了。

第二个 R，Repeat，重复问题

　　你要重复一遍对方刚才问的问题。为什么要重复一遍呢？首先，是为了跟提问者确认，确保你没有听漏或者听错。其次，也是为了保证全场的观众都能再一次听到这个问题。因为刚才这位听众提问的时候可能太小声，坐在其

他角落的听众可能没有听到。如果你回答了,可能过一会儿,另外一位听众又问了你相似的问题,"哎,这位朋友,这个问题,我刚才已经回答过了,你没有认真在听吗?"

完了,一不小心,又把一个好听众推到了对立面。所以你要重复一遍刚才的问题,比如,"感谢你问了一个很好的问题,你问我们明年新的研发项目流程大概是怎样的,下面我来回答一下。"这样可以让每位听众都听到,而且,很有可能80%的观众都有差不多的问题,那么他们听完以后就觉得,哦,我明白了,不用再问了,一下子解决了大部分人的疑惑。当然,重复一遍听众的问题,还有另外一个目的,就是在重复问题的时候,给自己争取一点缓冲的时间,可以赶紧思考一下该怎么回答。

第三个 R,Respond,回答问题

当你肯定了对方,也重复了问题,还为自己争取到了一些思考的时间之后,就应该要回答了吧。这个时候很有可能遇到两种情况:一种是能回答,那就尽力而为,用心回答;还有一种情况,是发现你自己回答不出来,因为有些问题可能超出了自己的认知范围。要明白,不是所有观众提出的问题自己都可以应对,此时也不用慌张,也不用觉得丢脸。因为术业有专攻,演讲者不是百科全书,也不是超人,不可能应对大千世界所有的问题。

如果自己确实在思考后不知道答案,那么可以坦言"这个问题我确实不知道",但是,一定要告知观众,自己会回去查阅资料,或者请教公司内部的专家,再以其他方式告知大家,比如,请他留下手机号码回电给他,或者微信,或者电子邮件地址。CZ 老师在这里再次强调一下,如果对方真的愿意留下联系方式,想要得到答案,那么恭喜你,说明对方真的对你或者你们的产品有着强烈的兴趣,你们在未来一定可以有更多的合作机会,要珍惜这样的提问者!

当然,在比较正式的场合,遇到相对有些难度的问题,说自己不知道好像

又不太合适，但又不确定该怎么回答的时候，你可以试试看先问这位提问者，"感谢您问了一个很好的问题，我想请问一下，不知道您对这个问题是怎么看的呢？"因为有些提问者提问的原因就是因为自己有其他的答案，想表达一番，所以完全可以邀请提问者提出自己的看法。

再不然，可以求助于现场专家，因为很有可能今天来的嘉宾当中刚好有该领域的专家，"嗯，关于这个问题，我们今天正好有一位项目研发的专家在这里，我们邀请他给大家谈谈他的看法，大家说好不好？"请现场专家帮忙，一来为自己脱困；二来也捧了一下这位专家，他肯定愿意帮你回答这个问题了。万一你邀请的专家说这个问题他也回答不出来，那怎么办呢？既然这个问题连专家都回答不出来，那你还担心啥呢？告诉这位提问者，你回去研究一下再来解答他的疑问。

第四个 R，Reconfirm，再次确认

最后一步就是和提问者再次确认。回答完问题之后，你再转向提问者，问他，"我刚才的回答，不知道是否已经解决了您的疑问呢？"这样一来是表示对提问者的肯定和尊重；二来可以保证有疑问者都能得到满意的答案，也可以彰显自己应对问题能有条不紊，从容应对。

而且还有一个原因很重要，有时候如果我们只回答了问题，而没有和提问者确认，他们可能会再次提出类似的疑惑，"嗯，等一下，这个问题我还是没有听明白，是不是因为这个那个……"于是演讲者就会很被动，可能让自己陷入与他人一对一的不断交锋中。因为很多时候提问者的问题并不是那么清晰，而我们的回答也并不完美，但是如果你主动和对方确认，"不知道我刚才有没有解答您的疑问呢？"大部分的提问者，不会那么纠结那么纠缠不清，他们可能会说，"好吧，差不多，嗯，我大概知道了。"这样也就不会让你陷入一个不断深入的问题泥潭，充分体现了你在现场的冷静与镇定。

总结一下，回答问题 4R 法则，Recognize，肯定对方；Repeat，重复问题；

Respond, 回答问题; Reconfirm, 再次确认。运用这四个步骤, 面对任何的提问, 你都可以有条不紊, 轻松应对, 帮助你成为一个现场的把控者。从此, 不再害怕提问, 自信面对听众。

提问环节也可以提前准备, 想想观众会问些什么问题。

19

面对挑战，
偷梁换柱积极应对

> 面对挑战很麻烦，三类问题巧应对
> 负面词汇全剔除，偷梁换柱很自如

　　美国总统比尔·克林顿一直都是一个富有争议的总统。在他的任期内，当他与白宫实习生莫妮卡·莱温斯基的丑闻曝光后，整个美国闹得天翻地覆。尽管有来自公众和媒体的重重压力，克林顿仍然要履行总统之职。刚好，当时英国首相托尼·布莱尔正在对美国进行正式访问，克林顿总统自然要尽地主之谊。1998年2月6日下午，两位国家首脑按照惯例向媒体发表了事先准备好的声明，之后，克林顿总统允许大家自由提问。此刻，对媒体和公众们来说，什么国计民生的大问题都比不上"莱温斯基这件事"重要。于是克林顿总统成了记者们的猎物。

　　CNN的一个资深记者就提了这样一个非常尖锐的问题："总统先生，莫妮卡·莱温斯基的生活再也无法回到从前了，她家人的生活也由此彻底改变了。我想知道，此时此刻，你对此事有什么看法？您有什么话想要对她说吗？"问题咄咄逼人，大家都在等待总统的表态，或者是在看总统怎么应对这个挑战。克林顿微微一笑，摇了摇头，说道："问得好！"房间里突然爆发出一阵哄笑，等哄笑平息，克林顿接着讲："问得好！但此刻，我有公务在身，请恕我无可奉告。"克林顿面对的就是一个非常棘手的挑战性问题，凭借法律赋予他总统的身份，他可以拒绝回答。

　　在你的工作和生活中，是否也会经常遇到这样的挑战？比如，上司质问你，为何项目毫无进展？其他部门同事抱怨你，为何不配合他们的工作？下属挑战你，说你的决定是错的。还有回到家，你的太太怒目而视，为何这个月上交的钱少了？这些各式各样的挑战问题，都出现在你日常生活和工作的各个角落，一不留神就被逮个正着。不幸的是，此刻，你没有克林顿的总统特权，如果不能拒绝回答,你又该如何应对挑战呢?

现在,让我们先来了解一下,在职场中你可能会面对的几种观众的不同挑战。

挑战一: 不相关问题

你正在和客户介绍和推荐你们公司的产品,结果有个客户突然问你:"你们公司的产品用这个商标,我怎么觉得那个图案怪怪的? 你们公司怎么会想到用这个图案做商标啊?"在听到这个问题后,你可能会想:"我花了那么多时间给你们介绍产品,你们怎么居然不问我产品的相关问题呢? 问了个这么无关的问题? 商标? 我怎么知道为什么要用这个商标,我们爱用什么图案就用什么图案!"

CZ 老师告诉你,你心里可以这么想,嘴上可千万别这么说啊! 其实,客户问的问题就是为什么要这样设计商标,即使是和产品质量、效用、性能不相关的问题,你还是要进行回答。你深吸一口气,想一下,其实,客户这么问,可能就是想知道商标设计背后的含义,不如趁此机会,谈谈公司的价值观、企业文化、公司的发展历史,等等,让客户多熟悉一下我们公司,说不定,会有更好的合作机会呢? 记住了,面对不相关问题,要耐着性子,思考一下,仔细作答。

挑战二: 连珠炮问题

你已经连续演讲了 40 多分钟,听众听得都累了,终于轮到他们提问了,有的人忍不住像连珠炮一样一下子问了好几个问题:"您好,我想问一下,去年你们公司的研发费用是多少? 在你们的收入中占百分之几? 你们的研发模式是怎样的? 明年你们新的研发项目有几个要上线? 大概流程是怎样的?"

这个时候你可能很纠结,五个问题我到底应该回答哪个呢? 再说我好像只记得最后两个问题，前面三个问题是啥来着？即使回答了一个问题，再问一遍"另一个问题是啥"是不是会有点尴尬？

其实用不着想那么多，你只需要选择其中一个问题就行："嗯，关于您刚才问的这几个问题，我想大家最关心的还是明年我们最新的研发项目有哪些，下面我来简单介绍一下。"你可以选简单的那个问题，或者选最难的那个，或者选第一个问题，或者选最后一个问题，或者选那个让你最吃惊的问题。总而言之，选择一个问题先回答就可以。

当你回答完毕，有可能提问者觉得你已经回答了他最关心的问题，就会自动结束他的挑战。如果他真的不满意，可能就会继续问："哦，不好意思，对了，我还有一个问题，明年的研发经费和今年比呢，那个……"你可以根据这个新问题再进行回答。所以应对这种多重性问题，找你自己最想回答或者最擅长应对的那个去回答就好了。

挑战三：尖锐挑衅问题

假如你是一个银行的经理，在对投资人讲述接下来的公司发展战略。这个时候，突然有个投资人来挑战你的战略："这是个到处都在兼并的时代。土豆和优酷，饿了么和美团，滴滴和快的，包括银行间也在兼并。人人都争着把命运和别人拴在一起，你为什么不跟本行业的大公司兼并，却要反其道而行之，做个独行侠呢？被人收购，跟人合并，或者搞合作，对你来说都可以啊，你为什么不做呢？"

你看，这个尖锐的问题是不是有点挑衅的感觉，处处都在说你不应该搞单干，搞单干是没有前途的。应该找合作，和别的公司合并才是王道。作为台上的演讲者，如果你针对消极的方面——进行陈述，比如说也有公司和别人合并后发展得不好，被收购了失去了自主权，公司发展反而是岌岌可危，等等，这样的回答只会引来提问者更多的消极问题。

因此，你只需要找出问题的主干，比如说，我为什么要单干？从积极方面来讲,就是你的银行为什么要保持独立运作,独立运作给银行带来了什么好处,对投资人又有什么样的好处和回报,从这个积极的角度来进行回答。记住了,面对尖锐挑衅和消极问题,找关键字用积极的方式来应答,才是王道。

好了,以上就是常见的三类挑战和解决方案。

那么,在应对挑战的时候,你是否只能完全被动,毫无控制权呢? 其实不是的。除了上面的办法之外,下面CZ老师要拿出秘密武器了,如果你能先入为主,掌握先机,还是可以通过控制全场来应对挑战的。

你还记得我们在之前讲提问章节的时候提到的4R法则吗? 4R法则就是告诉大家,在应对观众提问的时候,不要先急着回答,而是分四步走,分别是:肯定对方,重复问题,回答问题,再次确认。

那么,在我们遇到挑战的时候,是否要马上回答对方呢? 当然不是。4R法则应对普通的、常规性的、中性的问题是没问题的。可是如果对方的提问中来了一个挑战性的、带有敌意的,你应该怎么应对呢?

这里教给大家一个方法,就是偷梁换柱的应对法。把对方挑战的问题,换成一个不挑战的问题,而对方也觉得OK。怎么换呢? 我们来举个例子。

当你在一个产品发布会上介绍自己的产品时,你遇到的挑战性问题可能是这样的:"请稍等! 你告诉我们说,你的产品可以帮我们省钱,可你的定价却比竞争对手高两倍,你怎么能开这么高的价啊? ! "

试想一下,如果你此刻直接用4R法则,肯定对方,重复问题,"感谢您提了一个非常好的问题,您问我们为什么定价比我们的竞争对手高两倍,我们为什么要开这么高的价格呢,这个问题呢……嗯"发现了吗,面对这种挑战,如果只是机械地重复对方的提问,那么等于你在帮助对手确认那些负面词汇,等于告诉其他听众,没错,我们"开价过高",我们"过于昂贵",你这不是在给自己挖坑吗?

这个时候,不要着急,首先你要弄明白对方问的到底是什么问题。这里是在说价格的问题,对吗? 那么,你就要把对方这个带有负面情绪的攻击性提问换成一种正面积极的语言。

比如,你可以这么回答对方的提问:"感谢您提了一个非常好的问题,您指的是，我们定价的基本原则是什么，对吗？或者说，您问的是，我们为什么会选择这么来定价，对吗？"通过这样的回答，你就可以只强调价格本身，而不用解释价格到底是太高还是太低，就不会让观众觉得你们的价格是否真的过高了。

所以，在对方提出挑战性问题的时候，你不要急于回答，而要先把带有负面感情的词汇给剔除出去，把负面的词剥离干净，也就消除了对方的恶意。

我们再来看一个例子。你正在做产品路演，介绍一款你们公司新推出的净水器，这个时候有观众提问："我以前用过你们的净水器，哎哟，没多久那个过滤网就不行了，要换，很麻烦，不换，又很快就坏掉了。你们这新的净水器也很容易坏掉吧？"

来，我们马上要思考，对方说的是什么问题？千万不要直接回答。说以前的净水器很容易坏掉，其实就是对质量抱有疑问，那么你就要去掉那些类似"坏掉了"的负面词汇，你可以这么说："您问的，是我们这款新产品的质量如何，对吗？下面我来简单谈一下我们对这款新产品的质量保证。"这样一来，既把负面词汇剔除了，又确切地回应了对方，然后在对方无法反驳的情况下，你就可以开始围绕着产品的质量问题展开你的演讲了。

这个方法就叫偷梁换柱。好了，总结一下，既然你不是美国总统，没有特权，那么你在职场上就可能会遇到三类挑战：不相关问题、连珠炮问题和尖锐挑衅问题。我们分别给出了三种不同的应对方案。更进一步，我们提出了主动应对挑战的"偷梁换柱"法，也就是把对方的尖锐问题换个说法，修改为积极正面的问题来回答。怎么样，下次面对挑战，有办法应对了吗？

> 遇到挑剔的老板和客户，确实很有可能遇到挑战性问题！

20

听众无感，
BUT模型拯救回来

听众反应很萧条？怪你讲得太无聊

四个维度懂听众，BUT 模型来拯救

想象一下，你正在一个会议上做项目提案汇报。你觉得你讲得很认真，说话很用心，可是却发现好多听众都在看自己的手机。你选择无视这种情况，因为这个汇报很重要，演讲内容上还有很多你要操心的事情。你告诉自己："没事，这种情况很快就会过去，等我讲到关键的地方，他们一定会抬起头，意识到这个项目的重要性的。"

然而情况却越来越糟糕。你讲得口干舌燥，可听众却表现得越来越不耐烦，有人不断地看手表，有人站起来去倒水，就再也没有回来。

你有没有遇到过类似的场景呢？当你自认为讲得激情四射、魅力十足的时候，你的观众可能并不买账。

让我们打个比方。假设你的笔记本电脑快没电了，你得给它充电。你给电脑插上电源线，把插头插入墙上的插座，一个小时后，你发现怎么还是1%的电呢？啊，原来插头没插好，掉出来了。只有电源线两端的插头都插牢了，电脑才会充上电。

演讲也是一样的道理，就像电线的两端都必须插入相应的设备一样，只插入一端，就没法通电。如果你只考虑自己的表现，是不能让听众满意的。你还得考虑听众的需求，另一端也通上电，才能实现演讲目标，既表现好自己，又满足听众的胃口。

那么我们应该如何满足观众的胃口呢？这堂课，CZ 老师就来和大家谈谈，怎么搞定你的听众。

了解听众的需求，是演讲成功的前提，演讲不能以自我为中心。就好像现在的电视剧编剧一样，必须了解大部分的观众喜欢什么口味的电视剧，再根据这个口味去编写。你喜欢看美剧吗？你看过哪些美剧？搞笑类的，比如《老友记》《生活大爆炸》《摩登家庭》；情感类的，比如《绝望主妇》《欲望都市》；侦探类的，比如《反恐24小时》《越狱》；科幻类的，比如《闪电侠》《绿箭侠》《神盾局特工》；魔幻类的，比如《吸血鬼日记》《权力的游戏》；还有《纸牌屋》《国土安全》；等等，每一部都是经典之作。美剧在全球那么火爆，很大程度上归功于它们的编剧团队。这些编剧太厉害了，太了解观众了，甚至还会在剧本创作的过程中，根据观众口味改变剧本的走向。

想象一下，如果你的演讲就是一部美剧，你觉得你的观众对你满意吗？你在豆瓣上能得多少分？你打算完全按照自己的剧本来，观众给再低的分也不管，还是随时根据观众的反馈，调整下一季的剧本呢？一个好的演讲者，就像一个好的编剧，他会把演讲编排得引人入胜、丝丝入扣，让听众一直跟着他的思路走。

那么，演讲者应该从哪些维度来了解听众呢？我们把来听演讲的听众分为以下四种类型。

第一类，慕名而来。

如果你是一个大V，比如美国总统特朗普、马云、雷军、罗永浩、郎咸平、易中天、吴晓波、罗振宇，那么一旦你有一个演讲，肯定会有许许多多的听众慕名而来。听众主要是为了一睹名人风采，不太计较演讲的内容，也不是很在意演讲水平的高低，本来就是来看人的嘛，潜在的崇拜，往往使得名人演讲在听众中会激起非常热烈的反响。

中央电视台《开讲啦》这个节目，有一次请了周杰伦作为嘉宾，现场的气氛非常热烈，都是周杰伦的粉丝。平时只听他唱歌，弄一张他的演唱会门票不容易，这次刚好在北京大学演讲，肯定要去看，挤破头都要去。周杰伦讲得还算不错，跟大家分享了自己成长成名的故事。我想，其实无论周杰伦讲什么，大家都会觉得他讲得特别好吧。

第二类，求知而来。

为了获取新知识、新能力，听众会选择那些能够满足自己求知欲的演讲，比如学术讲座、技术论坛等。一般各个城市的图书馆都会定期举办一些演讲讲座，大家会选择自己感兴趣的主题去听。还有比如有些大学的课程是对外开放的，那么职场人士也可能抽空去学校旁听。这类演讲主要就是为了满足听众的求知欲，只要内容充实，条理清晰，听众一般不会过于挑剔演讲技巧。

比如之前非常火爆的哈佛大学公开课"幸福课"，主讲老师用了很多案例、数据、理论，来阐述我们应该如何积极地在生活中追求幸福，总共23集，一集有一个多小时，很长。但是我相信，喜欢的同学，都完整地看下来了。还有一门更火爆的哈佛公开课"公正，该如何是好"，主讲的老师是迈克尔·桑德尔教授。因为这个课程太火了，他受邀全球巡讲，因为他讲的真的是满满干货，让人脑洞大开，求知欲爆发。"公正，该如何是好"一共有12节课，网上都可以找到，建议大家去看看，特别有意思。

第三类，存疑而来。

听众对自己渴望了解的演讲话题总是抱有极大的兴趣，比如，公司新政策发布，下半年工资调整，新产品发布路演，养生保健常识宣传会，只要切合观众自身利益的，他们就会主动来听。在这样的一个演讲中，只要演讲者把内容交代清楚，一般也就达到听众的目的了。在CZ老师以前的公司里，每次有人来做养生保健的讲座，场场都会爆满。要是我每次演讲也有那么多人来听，那我就心满意足了。

第四类，不得不来。

在公司里，经常有很多会议是不得不参加的，领导要求必须参加，不参加就要被领导批评。这样的会议上，听众的心态肯定很不舒服，不想来，所以态度冷漠、心不在焉。要获取这些听众对你的演讲的兴趣，肯定很不容易，完全要靠你高超的演讲技巧了。如果你能让这些被迫来听讲座的人也抬起头认真听你讲，那么你真的是个高手。

当然，你可能会说，我已经做好了这些准备了，可是到了现场演讲时，发现观众还是打不起精神来，不是看手机，就是窃窃私语，一点儿都不给我面子。CZ老师下面就要教给大家一个BUT模型，帮你把那些迷茫的观众拯救回来。

BUT模型由三个字母组成：B，U，T，分别是 Boring，Unrelated，Tired，代表三种现场情况和应对方法。首先我们来看第一个字母。

B——Boring，枯燥乏味，失去兴趣

可能你的演讲本来主题策划得非常好，因此观众们都为听这个主题而来，他们是带着兴趣来听你讲的。可是，你的表达形式可能做得不到位，比如，语音语调平淡无趣，导致不够吸引人；专业术语堆砌，导致艰深晦涩听不懂；缺少肢体语言，导致演讲缺乏表现力。这些原因，最终导致观众感觉整个演讲乏善可陈、毫无生气，从而本来有兴趣的人也慢慢对演讲内容失去了兴趣。

如果是因为 Boring 导致的，那么 CZ 老师给你的方法就是：改变自己的演讲风格。

如何改变自己的演讲风格？比如，之前讲得太快了，导致观众跟不上你的思路，那你就改变一下，讲慢点，甚至来个 3 秒的停顿，一定会让观众们抬起头关注你，想了解为什么突然鸦雀无声了。如果之前声音太轻，导致大家注意力不集中，那么就大声一点。还记得我在之前的章节中讲过的吗？把声音放大 2 倍，保证瞬间调动观众的注意力。如果之前你一直呆呆地站在一个地方静止不动，那么就可以尝试在舞台上左右走动一下，还记得在之前肢体语言部分教大家的走路方法吗？都可以用起来，实战一下。改变的方式可以多种多样，只要能够重新吸引观众，不再让他们觉得 boring，就可以了。

U——Unrelated，跟观众没关系

没有人愿意听跟自己没有关系的演讲。如果演讲内容与听众的工作或生活毫不相关，他们肯定会觉得坐在这里听你的演讲，纯粹是浪费时间。而他们还没有离开这个房间的原因，可能只不过是碍于情面不好意思当即离开，但是

肯定是面无表情，心不甘情不愿。

　　当然这和你演讲之前的准备有很大的关系。如果你事先下功夫分析过听众是为什么而来，是慕名而来？是求知而来？是存疑而来？是不得不来？那么你就可以对症下药，了解听众的喜好，从而演讲他们感兴趣的内容。

　　如果是演讲进行到一半，发现听众无感，那么此时的应对策略，就是尽力重复告诉听众，这个演讲和他们的相关性，对他们的重要性，比如走到观众席，一边注视着他们，一边说："对于这个问题，你一定觉得和自己没有什么关系，对吧？但只要你仔细听，你会发现我今天分享的内容，都是和你们每个人密切相关的，大家能够直接应用到工作中的。"这只是举个例子，大家可以临场根据观众的类型和需求发挥，只要能够强调并让观众明白这个演讲和他们的相关性，想必就可以吸引一点他们的注意力了。

T——Tired，听觉疲惫，注意力涣散

　　一个正常人，注意力集中大概能有多久？以前的科学研究数据是45分钟左右，所以我们大学的课程一般都是45分钟一节。但是最近几年变化特别大，信息碎片化导致大家的注意力越来越涣散。一条微博最多140个字，也就意味着，大家看超过140个字的内容，都不想看下去了，可想而知，现在的职场人士，注意力能集中半小时就不错了。有一个研究表明，其实听众每隔15分钟就会丧失注意力。所以如果你的演讲时间超过15分钟，现在的听众就很可能听觉疲惫，注意力涣散。

　　即使你准备的主题和他们紧密相关，表达方式也很有趣，但如果过了注意力极限值，听众们还是可能会进入疲惫无感期。这个时候你就可以和听众们来些现场互动，比如进行简单的提问："大家觉得刚才我分析得有道理吗？我们这个项目进展，目前大家觉得还满意吗？"稍微用声音的升调引起大家的注意力，当大家有反应了，开始回答问题了，那么注意力就被你重新抓回来了。甚至你还可以走到某位听众的面前，问他问题，这样也是非常有

助于调动现场气氛的。

好了，总结一下，四种听众：慕名而来、求知而来、存疑而来、不得不来。三个应对方法：Boring 怎么办，Unrelated 怎么办，Tired 怎么办，像编剧一样了解你的听众，像导演一样把控整个现场，相信你下次遇到这些情况，一定可以把听众的注意力拯救回来。

演讲的目的是为了让观众想听、喜欢听，一定要重视观众的感受。

21

学好英语，
敢说才是最佳捷径

> 学好英语靠实战，表达沟通有目的
> 纯正与否不关键，敢说敢讲是捷径

每次在500强企业上培训课的时候，我的学生听说我得过全国英文演讲冠军，就会追着问我："老师，为什么我学了几十年英语，还是说不好，我到底该怎么学习英语？"的确，这说出了我们很多职场人士的心声。在当今职场，英语已经成了一项必备技能。如果英语不够好，在外企根本无法生存，而在BAT、华为、联想等这些本土的跨国企业，英语不好一样也混不下去。所以现在职场上的每个人都在努力地学习英语。

我每次都会告诉我的学生，其实我没有英语专业八级的背景，也没做过新东方的教师，更加不是科班出身的教授，而且还说不出一口纯正的美国口语。虽然我得过英语演讲比赛冠军，但我一点都不觉得我英语有多好。相反，我说英语的时候带着中国口音——只不过，我可以很自信顺畅地和老外交流。

可能你也会问我：CZ老师，是不是因为你在美国学习过、工作过，所以英文才那么棒？其实我想告诉你，并不是你想象的那样。今天我来跟大家分享一下我学英语的故事吧！

我在美国念书的时候，因为我学的科目是量子物理，所以，我们每天上课和老师的对话是这样的：sigma persi delta, lamda epsilon omega。怎么样，听懂了吗？没错，我们在美国平时说得最多的不是英语，而是希腊语。

所以我真正学好英语，是从美国读书回来，去了英特尔工作的时候。每天，我们都会和美国总部的同事开集体电话会议，大家聚集在一个小会议室，里面放了一个国际长途电话机，和美国硅谷连线。每次开会到最后的时候，我们的美国同事都会问中国这边的同事："Any questions?"然后我们中国这边，大家就集体沉默，没有人开口。只听电话那头的老外很着急地问："Hello?

Hello? Anybody there? Hello?"我一看场面这么尴尬,只好硬着头皮开口说两句:"I have a question!"

做技术的同事们本来就不喜欢沟通,发现我主动和老外说话,他们就觉得轻松了,不用那么辛苦开口讲英语了。长此以往,大家都主动把和老外交流的机会拱手让给了我,而我也有了更多的机会讲英语,日复一日,年复一年,我的英语表达能力就得到了很大的提高,每次去美国开会,老外也都点名要我去,所以我的机会也比别的同事多很多,不出2年就升职成了项目主管。

你看,其实不是我英语好,是我比你更"不要脸",更积极地说英语。

还有一件事情,对我的改变更大。当时我们公司有一家国际演讲俱乐部,有同事推荐我去参加,刚开始的时候,我是拒绝的。因为我以为自己的英语很棒,不需要去参加什么英语角。后来,在同事的半推半就下,我去参加了一次俱乐部活动,他们对新人非常热情,第一次去我就被主持人邀请到了台上,问了我一个问题,让我做一个即兴演讲。当时我看着下面一双双期待的眼睛,脑袋瞬间一片空白。怎么回事?平时开会很能讲,怎么上了台就卡住了呢?最后很困窘地下了台。

后来我才明白,要用英语表达思想,主要不是靠学英语,而是靠学演讲和表达。英语和演讲,是两个完全不同的技能。

而学英语的最终目的,就是为了更好地表达和沟通。

在这里,CZ老师要和大家分享学好英语的三个秘诀。

秘诀一: 不要等到学好了英语再去沟通,而要在实战中学好英语

我身边很多职场人士,经常在纠结自己的英语不好,什么发音不标准啦,说得不地道啦,语感不够强啦,于是平时工作中都不太敢讲英语,总觉得自己说英语不地道,总希望努力学得像native speaker一样,才敢开口。从好莱坞大片到美剧,从新东方到雅思托福,孜孜不倦、锲而不舍。但是,大家付出了很多

的努力，是不是还是开不了口呢？

远古人类还没有发明语言的时候，还可以用肢体语言沟通呢！除非你立志要做一名英语播音员，或者是要当一名翻译官，不然的话，你的发音地不地道，你的表达够不够native，你的词汇量大不大，真的很重要吗？请你把英语当作一门工具，勇敢地尝试，去和来自不同国家的人沟通交流。如果你不敢说，不去用，那么永远都学不好。

请记住，学习语言的目的，是为了沟通。而要学好一门语言，关键就是要在实战中学习。

功夫巨星吴京在《战狼2》这部票房表现优异的电影里，一会儿用口音不那么地道的英语，一会儿用中文，和非洲人的沟通也很顺利。所以你说的英语，只要能顺利沟通就可以。

秘诀二：职场上，要学最简单明了的英语，来清晰地表达自己的观点

前不久我正好在看一部美剧《破产姐妹》。我发现，我不看字幕，几乎完全听不懂！不对呀，我也是英文高手，而且他们说的每个字我都能听懂，但是连起来，我基本上听不懂了。为什么？原因其实非常简单，因为《破产姐妹》是一部美国搞笑肥皂剧，也就意味着，为了搞笑，它的每一句台词，都要力争是一个笑点，每句话都充满了暗喻、隐喻、暗讽，每句话里都有美国文化背景的俚语，所谓语不惊人死不休，就是这样，老美观众才会笑。

可是，对我们中国人来说，听得懂那些俚语笑话，真的有那么重要吗？真的需要去学习那么多美剧的俚语才算是学好英文吗？我们有一些英语教学的课程，号称教你正宗的美式英语，然后每天专门教你一句美国俚语。有用吗？

CZ老师告诉你，会说几句英语俚语，一点用都没有！

因为很多中国人，连简单的英语职场对话，都说不完整。

因此，先把每天沟通要用的简单职场小白对话英语学好，再去学那些俚语吧！你说英语的目的，不是为了炫耀自己性感的美式发音和各种地道的俚语。你是要用英文达到沟通的目的，和国际朋友共事，把工作做好。无论是向上级汇报，还是跨国跨部门沟通，还是面对外方客户销售谈判，你都要想办法讲清楚，让对方听明白，这才是你要做的。

在职场中的你可能会说这样一段话：

"你的方案我觉得还有很多地方需要修改，你看我们是否下周三再开会讨论下，以免下个月见客户的时候被他们质疑，你看行吗？"

来，请你把这句话用一句完整的英语准确地说出来。怎么样，你行吗？你会不会说成这样：

"En, your plan … I think …many place … need change … you see … we have … next Wednesday … a meeting to discuss … to avoid next month … to see the customer … they will challenge us … do you think OK?"

我相信你说得肯定比上面这个好多了。不过，如果你真的把英语说成刚才那副德行，CZ 老师想告诉你，其实，老外也能听懂！

记住这句话：**没有任何一个老外，会期待你必须说一口纯正的英语。**

无论如何，你长的都是一张中国人的脸，在老外眼中，你一定还是个东方人，还是个中国人。无论你说的口音有多纯正，都不会把你当作美国白人来对待。即使你的口音再 Chinglish，只要你敢丢下面子，勇敢开口，有强烈意愿和老外沟通，让他们基本听懂你的蹩脚英语，那你也比那些发音比你标准但不敢开口沟通的人，要强一百倍，不，一万倍！

很多同学努力地学习英语，却总是走错了方向，结果投入了大量的努力，却收效甚微。这是因为职场上的你要学的，是把一些简单得不能再简单的英语，用到你的工作中去，让你的工作沟通更顺畅。而这些简单得不能再简单的词汇和词组，其实，在中学、大学时早就学会了，可你为什么不能说出一句完整的话呢，因为你不去表达，不去沟通，不去用啊！

没错，除非你住在美国，否则，在中国，在职场，你更应该学习的是正常的、标准的、口语话的语言，然后用这些基本语言，每天和你的老外同事或客户沟通,而不是去学什么俚语。当然,刚才那个例句,一定会有一个更好的、更完美的翻译,CZ老师不打算在这里帮你做一个完美的翻译,但是我相信,不论用哪种方式来表达,关键是,让对方能听懂!

秘诀三: 用演讲的方法来学好英语

关于学习英语,其实我并没有否定英语达人的学习方法。我有一个朋友,把《老友记》看了20遍,几乎每一句台词都能背诵,她的发音和表达非常纯正地道。我还有一个朋友,专门做字幕翻译的,很多进口大片都经过他的手翻译成中文,在A站或B站盛传。毋庸置疑,他对英美文化肯定非常熟悉。还有一个朋友,做国际会议的同声翻译员,日薪五位数,她的中英文能力和双语切换能力是业界数一数二的。在学习英语的道路上,他们都怀着巨大的热情,付出了很多的努力,所以也从事着和英语相关的事业,拿着可观的收入回报。

但是我们大部分人,其实从小对英语并没有极大的热情,也没有足够的动力投入加倍的努力。学习英语,只是在这个焦虑社会下的大众化行为,期望不高,投入不大,收获也就一般般。既然如此,就应该对学习英语进行正确定位,那就是——不要指望拥有一口标准流利的美式英语,我只是为了正常的沟通交流,说一口流利的中式英语,有什么好丢脸呢?

学习英语没有捷径。我们学了几十年英语,要想迅速提高英语口语水平,按传统的学习方法,几乎不可能。如何才能用简单的英文把一件事情描述清楚,把一个观点表达清楚呢? 如果你明白,英语的最终目的是为了沟通和交流,那你就能理解,必须另辟蹊径,用学演讲的方法,来学好英语。

可以去参加英语演讲俱乐部,参加演讲比赛。不需要语不惊人死不休,只要你用普通中国人都能听懂的最简单的英语,找一切机会,上台用英语表达,训练日常用英文遣词造句的思维模式,你就能迅速提高你的英语口语水平,从而在工作和生活中流利地和老外交流。

职场中,敢讲敢说,远比说得地道,说得纯正,来得有用。

好了,总结一下,三个秘诀:第一,在实战中学好英语;第二,用简单明了的英语清晰地表达观点;第三,用演讲的方法来学好英语。所以,抓住一切机会去做英语演讲吧,不知不觉中,你的英文能力也提高了。去演讲,是提高英语水平的最佳捷径。

在外企,用英语沟通和表达是必备能力工作中也可多加练习。

22

3V法则，
职场沟通高效配方

22.3 V法则，
职场沟通高效配方

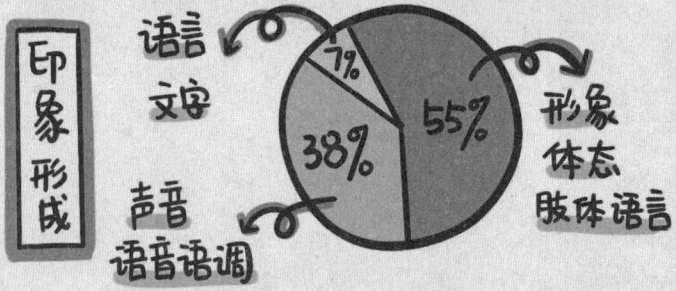

CZ老师

印象形成

语言
文字 7%

声音
语音语调 38%

55% 形象
体态
肢体语言

职场沟通高效配方——3V法则

肢体语言

声音

VISUAL

VOCAL

V

面对面
最有效

VERBAL
文字信息

坚定、稳重
抑扬顿挫

有效率
人性化

职场沟通有配方，3V 法则记心上

邮件不如面对面，哪个高效就优先

1971年，加州大学洛杉矶分校的阿尔伯特·梅拉宾博士在《非语言沟通》这本书中发表了一组很有意思的数据：一个人对他人的印象，约有7%取决于谈话的语言和内容，而音量、音质、语速、节奏等声音要素占38%，眼神、表情、动作等形象要素所占的比例高达55%。也就是说，即使听不见对方说话，没有声音和内容，单单从看的角度，也能理解对方至少一半以上的含义。

当时这个结论出来的时候，所有的人都非常惊讶。怎么可能？为什么会这样呢？梅拉宾博士从视觉、听觉和语言这三个角度来分析，你是如何形成别人对你的印象的。而这三个英文单词都用V打头：视觉（Visual）、听觉（Vocal）和语言（Verbal）。这个有意思的理论后来被称为3V理论。

第一个V，Visual就是指你的形象、体态和肢体语言。第二个V，Vocal是指你的声音、语音语调。第三个V，Verbal指的就是语言和文字。肢体语言居然占了55%的沟通有效性，超过了一半的比例，谁信啊？不管你信不信，反正我是信了。

还真的！不光CZ老师信了，美国演讲大师杰瑞·魏斯曼也信了。不光信了，他还将这个理论发扬光大，在他的经典著作《魏斯曼演讲圣经》当中，把3V法则非常好地运用到了演讲和沟通中。

好了，不管你现在信不信，CZ老师就要带你一起，分析一下这个3V法则，看看这个职场沟通高效配方的厉害之处。

首先，想象一个场景。你有一件重要的工作要找你的同事Jack去沟通。你觉得用什么样的沟通方式最有效呢？电话？邮件？还是面对面？我相信你一定会选择面对面，因为这种方式最高效。那为什么面对面沟通一定是最有效的呢？试想一下，当你和Jack面对面的时候，你可以看到他的神态、眼神、肢体语言，听到他的声音，随时随地可以观察到他对你说的话是否认可。

让我们再想象一个场景，今天你去找Jack，来到他的办公桌前，发现他人不在。你问边上的同事，哦，他出差了。没办法，你见不到他，只能退而求其次，拿起手机给他打电话。那么，你有没有遇到过这样的情况，在电话里说了半天，"哎呀，Jack，这个事情，好像在电话里和你讲不清楚啊，要不这样吧，你什么时候出差回来？下周一对吗？好，下周一早上10点钟，我到你办公桌，我们当面聊。"这说明什么？**说明打电话的时候，有些信息缺失了。缺失了什么呢？就是3V原则中的第一个V，占了55%的Visual，肢体语言。**

因为你看不到对方，所以你不知道对方的表情、神态、眼神的反馈。面对面的时候，如果你说："Hey Jack，我觉得这个项目应该可行。"你发现Jack面带微笑，微微点头，那你就知道他认可这个项目。如果你发现他听完以后眉头一皱，你就知道，他可能不太支持。你看，虽然Jack没有说话，但是他的肢体语言可以立刻反映出他的想法。而打电话时，你没法得到对方的第一反馈，沟通效率就明显下降了。

我们再来想象一下，你打电话给Jack，结果是："对不起，您拨打的电话不在服务区。"Jack不仅是出差了，而且很有可能出国了。所以你只能再退而求其次，不管他人在哪里，用职场常用的官方沟通方式电子邮件来沟通，总能联系上了吧。你给Jack发了一个邮件，第二天他回了一个。你看了一下，觉得不行，还得发一个邮件。第二天，他又回了一个……来来回回发了几十个邮件，每次打开邮件，好长好长，要拉到最底下才看到最初的问题是什么，而邮件的标题上有十几个"Re"，邮件还被抄送给这个部门的领导，转发给那个部门的经理。一个礼拜过去了，事情越说越复杂。你终于受不了了，一拍桌子，回了最后一个邮件："这样不行啊，Jack，不管你在哪里，我们预定个电话会议，在电话里讨论吧。"结果电话会议开了，两个人一聊，5分钟，Jack说："哦，原来你是这个意思，我终于搞明白了，邮件里我没理解清楚。"你发现，花了一个礼拜、几十封邮件都没有说清楚的事情，一个电话5分钟就搞定了。你有没有过这样的经历呢？

邮件沟通的时候，又有一些信息缺失了，就是第二个V，占了38%的声音，包括音量、语速、音调。因为你听不到对方的声音，再加上你的文字表达无法得到即时反馈，所以在只占7%有效性的邮件沟通中，你和Jack对事情的理解一定存在各种差异。以上这些都是CZ老师自己遇到过的经历，这种感受，你应该也能体会到吧。

当然，现在我们最常用的沟通工具，恐怕就是微信了。微信从本质上来说，一开始是为了取代短信，是一种文字沟通，占7%的比例。但是现在我们用微信打字的时候，经常要发一些表情包。因为很多时候，仅用文字是苍白无力的，用图片和表情就是为了弥补55%的肢体语言的缺失。试想一下，同样的一句话，你在句末加一个笑脸，同样一句话，换成一个哭脸，不但表达的意思有差异，有时候，甚至可以完全相反。还有一些新新人类，每天要发很多的动画表情包，开心了，就发一个扭来扭去的兔子；不开心了就发一个大哭的狗熊，甚至他们不用文字，光用表情包都可以无缝交流。我们还经常喜欢用微信发语音，常常会打字打了一半，发现讲不清楚，于是删掉，重新发一段语音过去。因为同样用60秒发一段语音，蕴含的信息量，要远远大于花60秒打的一段文字。当然，发语音最主要的原因：懒！打字太累了嘛！

怎么样，现在你相信了吗？肢体语言占沟通的55%，声音占38%，而文字本身只占7%。因此我们在演讲的时候，就要格外注意前面两个V带来的巨大作用。在日常的职场沟通和演讲表达的时候，我们到底应该怎么做呢？

首先来看第一个V，Visual，你的形象、体态和肢体语言。

它们可以传递信息，影响别人对你的印象。一开始，CZ老师就跟大家分享了梅拉宾博士的研究结果，视觉是最重要的传递信息方式。也就是说，面对面的沟通，看到彼此的肢体语言、表情动作、整体形象，是最有效的沟通方式。所以说，如果公司开会想要达到最佳效果，那么召集大家一起坐到会议室里面，彼此面对面把问题谈清楚，是最有效果的。这也是为什么很多国际企业，完全可以用电话会议或者视频会议，但却要不远万里飞到一起开会，因为面对面讲话，有肢体语言，可以握手，感觉亲切很多，事情也容易谈妥。除了公司里开会，比如你要去拜访客户，推销产品，肯定要跑到客户公司去，和对方面对面地谈,才能让对方更容易接受你。

我要提醒刚进职场的新人,很多人怕跟老板讲话,所以有事要征求老板意见的时候,比如要请假,有工作上的新想法,都跟老板发微信,或者发邮件,而不敢直接跟老板沟通,甚至连电话都不打。其实这样的沟通效率是最最最低下的。大家一定要改变自己。下一次演讲的时候,和同事谈工作的时候,试试看,面带微笑,让别人感受到你的友好,可亲近,身体前倾,双手摊开,给人善于倾听的形象。具体的肢体语言技巧,CZ 老师已经在之前的内容中,给大家做了非常详细的分析。

第二个 V 是 Vocal,声音。

如果你是一个领导者,在演讲的时候总是有"嗯""啊""这个""那个""就是说""我觉得"这样的语气词,别人就会觉得你这个领导不够坚定。如果你始终用一个语调说话没有变化,别人就会觉得你刻板无趣。如果音调太高,则会给人留下幼稚、不稳重的印象。CZ 老师在之前用了两个章节给大家讲了声音的技巧,还记得吗?

虽然说面对面永远都是最有效的沟通方式,但并不是每次沟通都有这样的条件。比如你出差了,不在公司里,却要和公司的同事或者上司联系;比如你要联系的客户在外地,你又没有办法及时赶到客户的公司;比如一个对外的活动你要参加,却由于其他条件限制你没法亲临现场。这些原因都可能导致你没有办法去现场和对方面对面沟通。没有面对面沟通的条件,这个时候就得借助第二个 V——声音,也就是电话沟通。那么电话会议要注意哪些事项呢? 如何更好地进行电话沟通,以及如何用抑扬顿挫的声音来演讲,在后面的章节里,会和大家进一步分享。

最后一个 V 是 Verbal,就是文字内容。

如果你喋喋不休,说很多却没有重点,别人就觉得你没有逻辑。在商务场合,会让人觉得你工作拖沓没有效率。如果你满口都是官话套话,别人则会觉得你不实诚。想一下,有多少次,你因为电话会议里那个人讲得太无聊,以至于不想听了把电话丢在一边开着,然后开始处理你的邮件了呢?

曾高居亚马逊畅销书排行榜首位的《关键对话》一书曾经提到,我们很多人在面对面沟通前总是退缩，因为我们很害怕面对面沟通会让结果更糟糕。所以同事之间经常用电子邮件沟通而不是面对面沟通，老板给下属语音留言，而不是当面把问题讨论清楚。

我们所处的世界，到处都在应用新兴的沟通技术：电子邮件、即时通信、电话会议。我们都有过运用这些媒介却导致效果不好的沟通，也为此付出了代价。那么，我们如何才能更成功、更专注、更有效地运用这些技术呢？运用不同的新技术进行沟通时，真正重要的是建立人与人的联系，但是，技术本身不会创造关系，就像乐器不会自己弹奏一样。运用技术时，要让沟通媒介人性化、个性化。我将会用专门的一个章节，给大家谈谈，如何让你的邮件更人性化，尽可能弥补无法面对面沟通的缺失，把这三个 V 融合起来，让工作效率更高。

总结一下，职场沟通的高效配方，三个 V，Visual，Vocal，Verbal，分别对应肢体语言、声音和文字内容，给你的沟通和演讲表达带来了不同的效果。我们在面对面沟通、电话沟通和邮件沟通的时候，要记住它们的差异，想办法将它们结合起来，弥补各自的不足，从而把这三种沟通方式更有效地运用到实际工作中去。

> 总之一句话，能面对面沟通的就不要打电话，能打电话的就不要发邮件。

23

邮件沟通，
结构减肥SCAN原则

23. 邮件沟通，结构减肥SCAN原则

CZ老师

主题　急!!急!!快打开!!
正文　**必须今晚给我发!!!**

糟糕的邮件沟通

职场邮件沟通的四条建议

主题　会议邀请
正文　本周三 9月13日
　　　下午1～2点
　　　203会议室

1. 目的清晰的标题

2. 邮件正文减减肥

主题　SCAN原则
正文　项目背景
　　　1.
　　　2.
　　　3.

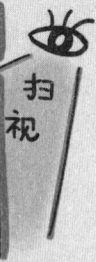

扫视

3. 格式符合SCAN原则

主题　格式&标点
正文　
- **加粗**
- 下划线
- !?";:。

4. 格式和标点正确

> 邮件沟通效率低，掌握诀窍省点力
>
> 标题清晰正文简，SCAN 原则加标点

在上几章的内容里，我们曾经谈到了3V法则的力量，面对面沟通最有效，电话其次，邮件沟通效率最低。这一章里，CZ老师先要跟大家分享一个我自己的真实案例，一个因为邮件沟通错误而遇到的惨痛教训。

很多年以前，我是一家世界500强公司的项目经理。有一天，我发了一封邮件向美国总部的同事要一个产品资料。在邮件里，我非常和善地和对方说，请您帮我找一下这份文件资料，因为下个礼拜我们有新产品开发要启动。邮件发了之后就石沉大海，等了一周都没有回复。我的领导来找我了："邮件发了吗？文件拿到了吗？"我说："邮件发了，对方没有回复。""那你催一催啊，很急啊！""好的，我马上去催。"我又发了一封邮件："请你务必要在本周之内把文件找到发给我，否则会影响新项目的实施，请务必回复。"当然，邮件都是用英文写的。好了，我以为这封邮件发出去对方肯定就会回复了，结果等啊等，一天两天三天，礼拜四，还没回复。我着急了。等到周五一早，领导来到公司，劈头盖脸问我："怎么回事？文件还没拿到？再不拿到项目就要延期了，赶紧的。"领导发怒了，我也非常生气，这个人怎么回事，竟然不理我，太过分了！

于是，礼拜五下班之前，我打开Outlook，深吸一口气，写了一封措辞强烈的邮件。我是这么写的："要求你立刻在下周一下午5点之前，帮我找到这份产品说明文件。否则造成的项目延误，将由你负主要责任。"写完后，我觉得措辞还不够强烈。怎么办呢？于是，我在邮件正文开头，把这行字的颜色变成大红色。嗯，还不够，粗体。嗯，还不够，放大到32号大字体。嗯，还不够，末尾再加上三个感叹号。最后，整个句子再加上下划线。

要求你立刻在下周一下午 5 点之前，帮我找到这份产品说明文件。否则造成的项目延误，将由你负主要责任！！！

（想象一下，上面那句话对方在邮件里看到是大红色，而且是 32 号超大字体！）

哇，这封邮件看上去很帅，点击发送。CZ 老师特别开心地回家过周末了。

下周一早上来到公司，果不其然，收到了他的回复。打开邮件一看，哎呀妈呀，这封邮件的开头，大红色，32 号大字体，粗体，下划线，后面还有三个感叹号。对方写的第一句话是："请你以后不要再用这种语气跟我说话！"然后，他整整写了一满屏的内容跟我解释为什么这两个礼拜没有帮我找这个文件，解释到最后，那份文件还是没有发给我。

我很沮丧地拿了笔记本电脑来到领导的办公室，告诉领导，领导你看，他就是这么回复我的，我真的是一点办法都没有，项目肯定要延误了。领导拍拍我的肩膀，打开他的笔记本电脑给我看，说："你看，他还写了另外一封措辞强烈的邮件，来抱怨你，是如何态度不友好地对他。他还抄送给了他的领导，整整两满屏的邮件！"我和领导简直有一种要抱头痛哭的感觉。

两个礼拜之后，我们有一个会议在美国召开。我和我的领导飞到了美国硅谷，正好见到了那位回复我邮件的同事。见面之后，我第一时间跟他道歉："Hey, Buddy, so sorry for my email." 然后我和他解释说，当时确实太着急了，所以语气有点不太好，所以才这样写邮件，真的很不好意思，抱歉抱歉。他也说，他当时确实是太忙了，没有时间帮我找文件，所以才拖到现在，于是他打开了他的电脑，立刻把那份文件找了出来，当场发给了我。那天下班，他约我去了酒吧，我们三杯啤酒下肚，畅聊工作和人生，这件事情就这么圆满地解决了，那顿饭还是他买的单。

你看，邮件沟通也好，电话沟通也好，往往不如面对面沟通来得有效。但是，邮件沟通又是商务场合一种不可避免的重要沟通方式，我们怎么才能趋利避害，不让邮件石沉大海，让沟通变得更容易呢？今天，CZ 老师给大家准备了四条邮件沟通的重要建议。

建议一：目的清晰的邮件标题

给你的邮件取一个目标清晰的标题，对于这封邮件能否被打开，起到了至关重要的作用。对职场人士来说，每天早上进办公室，倒杯咖啡，打开邮箱，收邮件，很可能一下子收到几十封新邮件。你可能不会立刻去查看每一封邮件。这也是为什么很多时候我们的邮件会石沉大海的原因。很有可能是因为你写的邮件标题不清晰，对方一扫而过，根本就没有关注到你的这封邮件。

举个简单的例子，你每天起来都会收到很多微信公众号的推文，大部分情况下你是不愿意打开看的，但是如果看到一个很有意思的文章标题，有可能就会忍不住点进去看看。所以现在微信里标题党大行其道，虽然文章内容不怎么样，但是一定要取一个哗众取宠的标题，比如说，"一句话感动一亿中国人，不看不是中国人！"总而言之，现在的公众号标题，想尽一切办法让你忍不住点进去看，点进去以后呢，大呼上当，不是广告，就是鸡汤文。

当然，在商务邮件中，我们千万不要去搞什么哗众取宠的标题了，但是邮件的标题要清晰明了确实很重要。如果你的邮件标题写的是 "please have a look" "请你看一眼"，那么我想你一定会觉得这是一封垃圾邮件，肯定不会点开看。

邮件的标题要吸引收件人的注意，让收件人觉得和他非常有关系，他才更愿意立刻打开看。比如，你的标题可以这样写："会议邀请：本周三9月13日下午1～2点，203会议室"。邮件的开头与读者相关，读者就会马上明白为什么要阅读邮件的内容。再比如，"Susan，你上次提的培训建议很好，以下是我的看法"。

怎么样，你的目的很简单，就是让对方只看一眼标题，就清晰地知道你这封邮件是讲什么，你想做什么，你希望他做什么，那么你就成功了，你为对方节约了时间，这就是一个好的标题。要知道，职场中，每个人都异常繁忙，有一个清晰的邮件标题，你的邮件被对方打开的概率就会高很多。如果你希望你的邮件能得到对方的及时回复，就得用心去写标题。

建议二：邮件正文要减减肥

我们要给电子邮件"减肥"，因为大多数邮件都写得太长了。让读者花费太长时间来阅读邮件是对他们的不尊重，而且他们可能得读上几遍才能明白你的要点。因此，你要做的是，写好邮件，然后对内容进行精简。并且，对方的职务越高，信要越短。因为在公司的级别越高，倾听的时间就越少。

商务场合的邮件内容确实重要。可是，每个人每天的时间却是有限的。想象一下，如果你是一位经理，可能一天要收到上百封邮件，如果你的时间全用来看邮件的话，那么一天就这么过去了。就算你是高手，用 5 分钟看一封邮件回复一封，100 封邮件，那就是 500 分钟，折合 8～9 个小时，等于早上 9 点到下午 6 点下班都在处理邮件，其他什么工作都不用做了。所以等你做了经理以后，你就明白，经理们必须只用 10 秒钟看一封邮件，他们会用什么方法看邮件呢？

想象一下，如果你写了一封长篇大论的邮件给你的领导，第一段有五行，第二段有六行，你觉得你的领导会有兴趣看下去吗？他可能只看了五个字就不想看下去了，因为可能还有更重要的邮件等他看，所以你这封冗长不知所云的邮件，还没怎么被看过就被关掉了，于是，你的汇报就石沉大海了。

建议三：邮件格式要符合 SCAN 原则

邮件的格式特别重要。一个很忙的职场人士看邮件绝对不是一行一行这么看的，他是竖着看，我们称为"SCAN"法则。SCAN 就是扫视的意思，举个例子，你打开百度或者谷歌搜索一个词的时候，你会发现，我们眼神停留的位置是在每一行的最左边，然后往下走，只看最左边的纵向竖直方向，很少认真地看到横向的最右边。看邮件也是一样，你的眼球基本是停留在左侧，就像在扫描一样。你不会仔细看，你只会先看最左边每一行的第一个词，然后往下看第二行的第一个词，然后是第三行。所以，关键字要在屏幕的竖直方向出现，而不是横向。最关键的词要用黑体或者大写，用最简洁的语言。

比如，你的邮件可以第一行就用黑体下划线写"项目背景"，然后是一段文字，下一行又是黑体下划线的"客户分析"，然后是一段文字，下一行又是黑体下划线的"行动计划"，格式就像这样：

项目背景

XXXXXXXX

客户分析

XXXXXXXX

行动计划

XXXXXXXX

这样你的领导只要用三秒钟，就基本知道了你要说的就是这个项目的背景、客户分析和行动计划。然后他就会挑自己想看的内容仔细去看，而不是看了你写的长篇大论也不知道你要说什么。和演讲一样，邮件也是一种重要的商务沟通方式，你的目的就是要清晰简洁地和收件人进行沟通，所以邮件的结构很重要，类似于，Project Background, Client Analysis, Action Plan这样的清晰结构，就会让你的领导看了觉得你思路非常清晰，这就是SCAN原则，让你的领导扫一眼，就知道你要说啥。

建议四：注意格式和标点的正确使用

因为不能面对面地说话，在写邮件的时候，我们常常会用加粗和下划线以创造语调、节奏的变化或强调句子中的重点，这样在没有声音的情况下也会容易让读者理解你说的内容重点。但是一定要当心哦，还记得刚开始CZ老师给大家分享的悲催邮件沟通经历吗？一定要适当使用粗体和下划线，如果过分使用,就会有情感上的错位。

当时 CZ 老师就错误地使用了感叹号。因为感叹号表示非常强烈的感情,强烈的语气,甚至是愤怒。比如这句话:"请你帮我把文件找过来。"句号代表正常的语气。如果后面加上三个感叹号:"明天请你帮我把文件找过来!!!"这可能表示一种愤怒的情绪。当然,有可能你自己认为只是个感叹号而已,没什么,我每天微信都发 3 个感叹号。可是 CZ 老师告诉你,这是商务场合,对方如果误以为你是强烈的语气的话,可能就会很不满。所以邮件中,不要随便使用容易让人产生误会的表达方式。

另外,不要过多使用颜色,会给人浮躁的感觉。原则上,邮件只使用一种颜色,那就是黑色。偶尔可以用其他颜色来标注,但是尽可能不要超过三种颜色,不然就会有强烈的视觉上的不舒适感。特别是不要用黄色、紫红色、绿色等这些有强烈感情的色彩。建议大家使用黑色、深蓝色,不要像 CZ 老师上次那样,使用了大红色。而且要注意文化差异,因为红色在中国表示热情,在美国则表示愤怒。因为在中国股市上涨用红色,下跌用绿色;而在美国是相反的,上涨是绿色,下跌是红色。

好了,目标清晰,正文减肥,SCAN 原则,正确使用标点,想必这四条妙计可以帮你妥妥地搞定邮件沟通。

企业沟通中,邮件沟通效率最低,SCAN 原则要好好用。

电话会议，
越洋也能高效传达

> 电话会议听不清？随时确认慢声音
> 点名总结防走神，不懂就问不丢人

在之前的好多章节中，CZ老师都和你提过一个很重要的3V法则，人与人传递信息最有效的方式是第一个V，Visual，视觉，即面对面沟通。如果没有面对面沟通的条件，那么就只能借助第二个V，Vocal，声音，就是电话会议。

你平时在工作中经常会用到电话会议吗？电话会议有时候是一对一打电话，也有时候是一对多的开会，还有时候要和远在太平洋对面的同事一起开会。那么，由于见不到面，没法用视觉传达信息，在电话会议中，我们常常会遇到哪些问题，又该如何应对呢？

电话会议中第一个会遇到的问题是由于电话会议看不到对方，不知道对方的反馈如何。也就意味着，当你在表达自己观点的时候，很有可能对方此刻正在用电脑，或者玩手机，甚至偷偷去上厕所了。而你因为看不到对方，所以以为对方在认真听你讲话。当你说完之后，很有可能你表达的观点，有些会议的参与者听漏了，或者根本就没有听见。结果就导致最后大家都云里雾里的，你以为对方听懂了但是对方以为你没讲，沟通的缺陷就出现了。所以电话会议最最重要的一点，就是：

第一，随时确认，是否听清

当你讲完一两个观点之后，要随时问电话那头的听众，确认对方已经听到了，听明白了，然后再进行下一个环节。每隔5分钟就要和对方确认一次，以保证大家都在认真地听你说。你可以说："我先停一下，看看大家有什么问题吗？"或者，"到目前为止，大家听明白我的意思了吗？觉得怎么样？"或者，"Lucy，关于这个问题，你怎么看？"

第二，语速放慢，抑扬顿挫

由于电话会议不能面对面看到对方，没有肢体语言和PPT来帮助你传递信息，语音语调就成了你唯一的工具，所以你得把这个唯一的传递信息通道用到位。而且电话会议因为音质和网速的问题，可能会有杂音，无法像面对面说话那么清晰，要保证自己说话的节奏感比面对面的时候更加抑扬顿挫，让对方可以完全听明白。一旦语速偏快了，对方很有可能就会跟不上你的思路，就会走神。

那么，该如何运用好你的声音呢？在开电话会议前，把自己调整到最佳状态很重要。因为如果是面对面站在台上的演讲，你自然而然会很有能量。但是在电话机前，面对一个冷冰冰的机器，你可能会慵懒、疲惫，打哈欠。这也是为什么打电话之前要想办法让自己充满活力。

你可以泡杯咖啡，伸伸懒腰，把眼睛嘴巴都动一动，保证在接下来一两个小时的电话会议中，可以保持良好状态。在打电话的过程当中，如果是坐着的，要坐在椅子边上，身子要挺直，不要闭着眼睛很慵懒地靠在椅背上，否则你很有可能会被电话会议给催眠了。

如果电话极其重要，你也可以尝试站起来听，因为站起来说话时，注意力可以更加集中，脑子也更加灵活。说话时要面带微笑，对方虽然看不到你的脸，但是可以根据你说话的状态判断你的表情。如果你面带微笑，你的声音自然就会鲜活而生动。如果不是在会议室很多人一起开会的话，尽量不要开免提，这样容易产生回音，声音听起来也很恍惚。要使用优质的手机或者耳机，将话筒放在嘴巴附近并对着话筒讲话。

更多加强语音语调的力量和抑扬顿挫的办法，可以参考我们以前关于语音语调章节的内容。

第三，阶段性点名总结

为什么要进行阶段性总结，而且还要点名呢？因为开电话会议时，与会者倾向于被动地倾听。如果还没有轮到你说话的时候，那么你的电话机应该要按静音键，这样才能保证你周围可能发出的环境噪声不对整个会议进行干扰。轮到你说话时，主持人可能会提醒你："Jack，到你了。"然后你就立刻解除静音，跟大家确认："听得到我的声音吗？"确认能听到就开始正式发言。

如果大家都在静音状态，你是无法准确地知道大家是否都听明白了。可以在会议一开始，就由主持人点出参会发言人员的名字，按顺序分配他们的演讲时间，"下面，我们来听听Jack的发言，Rose你准备下，下一个就是你。然后Mary待会儿谈谈相关项目的情况，最后Peter来总结。"

如果你不是会议的主持人，你也可以在会前列出一个问题清单，每讨论完一个问题后，就算主持人忘记总结，那么你也要点名那些关键人物，要和他们一一确认，他们是否听到了你说的内容，是否赞同和支持。你可以问，"Rose，我的方案你听到了吗？有什么建议吗？谢谢你的建议。Mary，你支持吗？可以说说你的想法。好的，没问题。Peter，你还有什么要补充吗？如果没有了，那我的部分就结束了，谢谢大家。"总结一下自己说的内容，然后再把发言权交回给主持人，或者交给下一位演讲者，进入下一个问题，这样就可以随时理清会议思路，保证会议效率。

要记住，成年人听演讲超过18分钟就会走神，这也可能是TED演讲设定最长18分钟的原因。当你在电话里听别人讲了18分钟后，你可能就会受不了站起来离开，所以，尽量保证你自己在电话里的演讲，不要超过18分钟。

第四,没听懂要勇敢提问

刚才我们提到,如果你是会议的发言者,或者主持人,需要阶段性地总结提问,也需要不断确认大家有没有听到你说的话。但是如果你只是听众的时候呢? 我在我职业生涯第一家公司的时候,我们几乎每天都要开跨国会议。有时候,美国的同事滔滔不绝地讲了半个小时,但是中间你没跟上思路,没听懂,但又不好意思打断对方。所以很多时候,电话会议结束之后,你没听懂,会上也没好意思问,不得不在会后通过邮件、一对一电话,反复确认澄清会议中的问题,结果最后,会议起到的沟通效果非常差。

为什么我们中国同事害怕提问? 在之前关于提问的章节,CZ老师曾经说过,因为从小的教育环境,导致我们中国人不敢提问,不喜欢提问。我们追求和谐,觉得打断对方是不礼貌的,提问会冒犯对方,所以我们听不懂,都藏着掖着不说出来。其实这样让美国同事非常痛苦。明明没听懂,为什么说Yes呢? 明明做不到的,为什么总是OK呢? 等到会后告诉大家,没听懂,做不到,这样效率反而更低。

CZ老师建议你,听不懂,一定不要装懂,否则,你是自己害了自己,明明一个会议可以搞清楚的问题,你要在会后花一整天来来回回沟通确认,累不累? 勇敢一点好吗? 不要因为自己听不懂英文就自卑,不好意思说话,你听不懂英文,明明就是老外说得太快了嘛,你应该勇敢地打断对方,"Could you please slow down a little bit? I cannot understand."(请你讲慢一点好吗? 我没听懂。)不要以为你说你听不懂,老外就会觉得你笨。

你放心,大部分老外都是很友好的,就像我在学英语那一章讲到的,没有任何一个老外觉得你应该要说一口流利的英文,所以,不要不好意思,有任何听不懂的地方,就应该打断对方,让对方讲慢一些、清晰一些。会议结束前,再主动和演讲者确认,我听到的是这样的,你确认下,是不是这样。

要记住,不要因为怕丢脸,就让自己的沟通成本大大增加。没有人会因为你听不懂,就觉得你能力差。相反,他们也会因为你在会议中及时地提出疑问、解决问题,而感谢你的专注。

第五，PPT要先讲后翻页

如果开电话会议的时候需要看PPT的话，我们一般会提前发给与会的所有人员，或者用远程屏幕共享，或者让会议室中的助理远程打开。那么，在电话会议中展示PPT要注意什么，有什么小窍门呢？

先给大家分享一个案例。身在英国的Michael要和在上海分公司的两位市场部经理讨论关于新季度的服装商品计划。他精心制作了一份PPT，上面包含着对前一季度的商品销售分析，同类竞争产品的比较，新季度商品的成品投入，门店销售比重，等等，信息非常全面。他和两位上海的经理约了北京时间下午四点开会。

一切准备就绪，Michael让他在上海的助理Jack先打开PPT的第一页，然后在电话里开始讲，"首先，大家看一下PPT的第一页，我要跟大家介绍上一季度的销售情况。"然后让Jack翻下一页，继续说，"大家看第二页这张图，这是不同地区销售额的差异。"再告诉Jack翻下一页，继续说，"这一页讲的是不同地区销售额差异背后的原因，我列成一个表格放在这里。"

大家发现这里面的问题了吗？问题就出在PPT的展示方式。Michael每次都是先让Jack打开一页PPT，然后他开始讲这一页PPT上的内容，再翻下一页，再讲这页上的内容。可是身在电话那头的Michael并没有在现场，当然也不会知道，当Jack打开一页PPT时，两位上海的市场经理，注意力全都在PPT的页面上，都在仔细看PPT上密密麻麻的文字和数据，然后开始窃窃私语，压根就没认真听Michael的解释。

记得吗？ 3V法则中，Visual最重要，本来眼睛看到的东西，所传达的信息比重就最大。听众也最容易接收眼睛看到的信息，然后才是耳朵听到的。在电话会议的时候，本来就没有视觉这个传递信息的功能，是靠声音来达到传递信息的效果的。任何视觉上的注意力，都会大大降低对听觉信息的传达效率。Michael在电话机的那头，看不见也摸不着，窗外飞过一只鸟都会引起两位经理的分心，更何况放着这么大张的PPT在眼前，所以他们只想关注他们看到的内容，这样一来，就分心了，很有可能听不到重点。

那么Michael应该怎么做来减少PPT内容造成的分心，又能让PPT很好地辅助自己的这个电话演讲呢？很容易，改变一下展示PPT的方法就可以了。先讲内容，后翻页，而不是先翻页，再讲内容。

怎么操作呢？比如，Michael可以一开始先说，"首先，我想带大家来回顾一下我们上季度的销售额，有两个关键数字提醒一下大家，你们看，第一页"，这时再让Jack打开第一页PPT，讲完这一页后说，"接下来我们要了解一下不同地区销售额的差异，这样我们可以更好地比较各个地区的销售情况，有几个区域是我们要特别关注的，来看一下第二页。"讲完第二页后，先说"我们要借鉴销售良好地区的经验，从而分析影响差异化销售额的因素，我会在下一张PPT里具体讲述"。然后请Jack打开第三页。

怎么样？这个方法，就能确保大家都能先接收到你要提供的关键信息，然后再去看细节，这样每个听众就都能跟上你的思路，不会被PPT分心。

总结一下，电话会议怎么开才最有效：第一，随时确认；第二，语速放慢，抑扬顿挫；第三，阶段性点名总结；第四，没听懂要勇敢提问；第五，PPT要先讲后翻页。掌握了这五个电话会议的技巧，一定能让你的听众思路清晰，高效沟通，开会效率大大提高。

电话会议的效率肯定没有面对面开会的效率高，所以更要想办法提高效率。

25

工作汇报，
如何看穿领导心思

25. 工作汇报，如何看穿领导心思

工作汇报 三个场景

① 临时汇报　② 定期汇报　③ 逮住汇报

CZ老师

了解老板的四种"动物性格模型"

老虎型
- 发号施令
- 果断魄力
- 结果导向
- ⚠️ 脾气不好

☑ 高效　　☑ 方案
☑ 不啰嗦　☑ 不要细节

猎鹰型
- 重细节
- 讲程序
- 高标准
- ⚠️ 钻牛角尖

☑ 细节　☑ 数字
☑ 全面　☑ 不出错

孔雀型
- 能说会道
- 善于交际
- 热情大方
- ⚠️ 爱听好话

☑ 愉快　☑ 赞美
☑ 认同　☑ 少细节

考拉型
- 稳重安全
- 步步为营
- 考虑他人
- ⚠️ 不善创新

☑ 稳中求胜　☑ 吃定心丸
☑ 不要惊喜　☑ 不要压力

向上级汇报工作是我们职场人士每天都要做，却总是很头痛的事情，讲得太简单怕说不清楚，讲得太详细领导又会着急。到底怎样才能做简单清晰的汇报呢？

让我们先来看一个案例。Jack是一家跨国公司的项目主管。下午他急急忙忙眉头紧皱地敲开了董事长办公室的大门。

"董事长您好，跟您汇报一下，刘经理来电话说系统突然出了问题，他马上要去处理，4点钟他无法参加会议，我问他什么时候有时间，他说明天。我又问了张总，他说晚一点开也行，但最好是明天11点前开，可我去查了一下，明天那个205会议室已经被人订了，只有礼拜五上午有空。我又问王总，王总说礼拜五上午不行，明天很晚他才能从外地出差回来，所以呢我赶紧来找您汇报一下。"

"Jack，你再说一遍，你到底跟我说的是什么事情？我怎么没听懂？"

"哦，董事长，就是您上周让我召集的这个跨部门项目会议啊，就这个事儿，本来是今天下午开会，然后刘经理突然来不了，要改时间的话张总没时间，然后会议室又订不到，能订到会议室的时候呢，王总又出差，所以呢，我……"

还没等Jack说完，董事长又打断了他，"Jack，你先别着急，先别说别的，你现在就告诉我，这个会议是开不了，还是怎么样？"

"不是的，董事长，会议呢是可以开的，就是时间要改，就是为了配合所有人的时间啊，我打了无数个电话，最后终于发现只有这周五下午3点才是合适的时间，所以赶紧向您汇报一下，看一下您周五3点是不是可以。"

"哦，原来是这样。Jack，周五下午3点，我有空的，OK，这样，你下次呢不用跟我说那么多细节,直接问我周五下午3点能不能参加项目会议,就好了,好吗?"

"好的好的,董事长,我懂了。"Jack长舒了一口气,满头大汗地离开了董事长办公室。好了,扪心自问,你是不是也和Jack一样,很害怕跟领导汇报工作,而且总是讲不到点子上呢?

如果我们对工作汇报进行一个简单分类的话,无非就是以下三种场景:

第一种,临时汇报。就像刚才那个案例一样,向领导报告事情的进展或者项目流程。

第二种,定期汇报。一般就是每周部门会议、月度工作汇报、季度汇报、年度汇报。

第三种,逮住汇报。就是你在厕所门口突然遇到领导,"Jack,你等会到我办公室来一趟,跟我讲讲你最近的工作情况。"完蛋啦!被领导逮住啦!

有人说,每次看到领导,就像老鼠看到猫一样,恨不得找个洞钻进去。可是工作往往直接关乎你的生存和升职加薪,回家老婆孩子等着我养,房子车子等着我月供,如果有机会在领导面前露脸,必须要好好表现!

其实工作汇报没有那么难。你只要掌握我接下来教你的方法,就可以打破你对领导的恐惧。到底是什么样的好方法呢?

很多人觉得领导心思猜不透,要理解领导要的是什么,真是太难了!其实要想猜透领导心思并不难,工作汇报就是看菜吃饭,先了解领导是什么样的人,再对症下药,一击即中。我们用一个管理学当中很常用的"动物性格模型"来帮助你。

先把领导比喻成四种动物:老虎、猎鹰、孔雀、考拉。这四种动物,有着完全不同的性格。怎么样,是不是你的脑海里立刻自动浮现出你领导的脸了?你的领导长得像哪一种动物呢?记得千万不要随便对号入座。

第一种,老虎型。

老虎型的领导,在公司喜欢发号施令,掌控一切。这样的领导做事有魄力,很果断,有威严,结果导向,喜欢有创造力和能干的下属,当然,脾气可能不太好。

对待这样的领导，你的工作汇报必须掌握时间和效率，给出肯定答案或者解决方案，不啰唆，不拖泥带水。

比如，你要跟领导汇报一个项目进展："领导，这个项目下个月25号可以签约，目前进展顺利，客户没有问题。跟您告知下，我继续去跟进了。"

领导一定会回复你说："好，挺好，继续跟进，有问题随时向我汇报。去吧。"你看，只要没问题，领导就不用太多细节。

第二种，猎鹰型。

猎鹰型的领导，非常注重细节，讲程序，走流程，高标准，严要求，绝对不能出错。当然，太细致的人也容易钻牛角尖。

对待这样的领导，你的工作汇报必须面面俱到，细节为王，并且保障每个细节都不会出错，有准确的数字和日期，让领导放心。

"领导，这个项目下个月25号和客户签约。上周五我已经和客户的总经理和项目主管分别见了面，和他们谈了工程中的所有细节，他们对我们的产品项目和推广方案都很满意。我明天会和技术部的Jason再确认一下DX150和DP180项目的所有技术细节。礼拜三，我会请市场部的Wendy和我一起再去见一次客户，把几个平台的推广细节也敲定。这样基本就没问题了。有任何细节我都会向您汇报的。"

领导听了一定会说："嗯，挺好的，工作很细致，很到位，当然，要注意每个环节，不要出错，一定要盯紧了，随时告诉我每一步的进展，哦对了，那个DX150的技术问题我还想了解一下，等我开完会我再找你。"

第三种，孔雀型。

孔雀型的领导，能说会道，口才好，善于交际，口若悬河，热情大方，喜欢和大家互动，和员工往往关系特别好，能称兄道弟，打成一片，也特别爱听好话。

对待这样的领导，你的工作汇报则无须涉及太多细节，只要愉快地聊天，多赞美，多认同。

"领导，我们跟王总那边谈得特别好，我觉得我们跟他们公司这个项目的合作会非常愉快，而且我和市场部的Wendy、技术部的Jason合作特别紧密，大家都非常辛苦，这个团队真的特别棒，我特别感谢他们！当然主要是领导您领导有方！领导您放心，在这个项目上大家都充满了激情，干劲十足，肯定会很顺利，有啥问题我会跟您讲的！"

这么汇报，领导听了，就会拍着你的肩膀说："小伙子不错啊，未来发展空间很大啊！这个事情呢，我也觉得肯定没问题的，而且王总和我关系很好，只要一句话，基本不会有啥问题。你呢，好好干，我看你将来大有作为啊！"

第四种，考拉型。

考拉型的领导，做事稳重成熟，不冒进，考虑风险，稳扎稳打，步步为营，愿意为他人着想，能给员工足够的支持和帮助。当然，也不太擅长创新，团队的冲劲会弱一些。

对待这样的领导，你的工作汇报不能给太多 surprise，也不要突然出现太多压力或者问题，要给领导吃一颗定心丸。

"领导，上礼拜我们和王总谈好了，您放心，所有细节我们都推敲过了，不会出错的，技术部的 Jason 也会在这边全力支持我们的方案。都谈好了。我周三还会去找一下市场部的 Wendy，让她给我一个市场推广方案，然后一起去见一下客户，这样更放心一点。一切都很顺利，您放心，都在掌握中。25 号，应该可以签约，到时候再请您过去。"

你的领导肯定会微笑着点点头说："好，很好，做事就要这样，不能匆忙，稳中求胜，一步一个脚印，这是做好事情的基础，你做得不错，项目顺利完成的话，我多批你两天假，去好好休息度个假啊。"哎，这样的领导真是太好了。

好了，老虎、猎鹰、孔雀、考拉，你觉得你的领导是哪一种呢？如果你还是猜不透，没关系，你可以做一个实验来判断一下。

比如，你可以试着和你的领导这么说："领导，上周五我已经和客户的总经理和项目主管分别见面，这周一和他们谈了工程中的所有细节，我明天会和技术部的 Jason 再确认一下 DX150 项目操作中的所有技术细节。礼拜三，我会请市场部的 Wendy 和我一起再去见一次客户，然后呢……"

如果领导皱着眉头打断你，"Jack，说重点，项目没问题的话，细节不用给我讲那么多啊。"现在你能猜到了吧？你领导可能就是老虎型的，只要结果。

如果你和领导说，"领导，这个项目下个月 25 号可以签约，目前进展顺利，没有什么问题。我就跟您告知下。"

这个时候如果你的领导说："Jack，等一下，你和我说一下这个DX150的开发情况，目前怎么样了，我想仔细了解一下。"那你的领导可能是猎鹰型的，他想知道所有的细节，不知道，他睡不着觉，你下次汇报时就要说得再详细一些。

同样的道理，如果你发现不管你怎么汇报，你的领导总是和你谈团队、谈情怀，你的领导可能就是孔雀型。

如果你的领导总说要稳扎稳打，不能急，慢慢来才能做好事，那就是考拉型的领导。

现在，了解了四种不同性格的领导，也懂得了和他们沟通的技巧，工作汇报是不是没有那么难了呢？是不是很容易就能够说出领导想听的话了呢？下面我们再来谈谈，和领导汇报工作时候还需要避免什么。

有三个地雷，千万不能踩。

地雷一："我不知道"

工作汇报的时候，领导最不爱听的就是四个字，"我不知道"。你一定要理解，领导很关注事情完成了没有，千万不要说什么"我已经和谁谁说过了，后面的事情呢我也不知道"。这样的说法，只会让领导觉得，你把皮球踢给领导去解决。

地雷二：打小报告

背后打别人小报告的人，不管是出于哪种目的，都会被领导认为是不负责任的人。你今天能在我面前打别人小报告，明天就能在大领导面前打我的小报告！最好的做法是，在大家开会的时候，提出对某件事情的看法，开诚布公地和对方谈,对事不对人,我相信领导一定会觉得你刚正不阿,你的话也比在背后说更有说服力。

地雷三: 有错不报

有些人因为害怕做错事被领导骂,就想搪塞过去,忽悠过去,这样反而会导致更大的、无法挽回的损失。前不久我看过一部电影,叫《深水地平线》,改编自真人真事,讲的就是英国BP公司在墨西哥湾的石油钻井平台,因为害怕跟不上进度被总公司领导责罚,就忽略了重要的检测数据,结果造成重大爆炸事故,原油泄漏污染遍布整个墨西哥湾,至今都没有处理完,造成了巨大的经济损失和环境污染。

其实我想告诉你,如果领导骂你,那是好事,说明他在乎你,他在教你,说明他希望你能做好事情,能获得进步。如果你发现领导每天看到你都乐呵呵的,对你说"挺好挺好,没事没事",不骂你,也不管你,那你的职业生涯,可能真的要结束啦!

好了,让我们回顾一下四种动物:老虎、猎鹰、孔雀、考拉。三个地雷:我不知道,打小报告,有错不报。

四种动物帮你看穿你领导的心思,三个地雷帮你避免问题,一个工作汇报就俘获领导芳心。

跟老板汇报工作没那么简单,先分析一下老板的性格。

26

拿下客户，
WAKE结构唤醒需求

Jack是一家软件公司的销售，有一天，他约了客户王总谈合作。

当天，Jack背着笔记本电脑，西装革履地来到王总的公司。进了大门，富丽堂皇的装修让Jack眼睛都花了。迷人优雅的前台小姐用甜美的嗓音告诉他，王总正在开会，请他等一下。Jack坐在门口的沙发上等啊等，等了1个多小时，终于王总开完会了。

Jack刚进会议室，王总风尘仆仆地进来了，热情地打招呼："嘿，Jack，不好意思啊，刚才有个重要的会议，现在好了，来来，你先坐下，哦对了，我等一下还有一个重要的会议，实在不好意思，要不这样，给你5分钟时间，你给我简单介绍一下你们的产品吧。来吧。"

Jack傻眼了，我准备了半小时的内容，有50多张PPT要放，只有5分钟，这可怎么办？ Jack快速打开笔记本电脑，链接上投影，打开PPT，眼看1分钟已经过去，头上的汗都要滴下来了，50页PPT，这怎么讲才好呢？

Jack打开第一页PPT，开始了："嗯，王总，我先介绍一下我们公司啊。你看照片，这是我们公司的大楼，我们公司总部在金桥开发区，然后我们在这个楼一共有两层……"

王总客气地打断他，"Jack，说重点，不用给我看你们公司的照片。"

"噢，好的王总……嗯，我们看下一页PPT，这是我们公司的服务器设备。你看，我们有很多的服务器为客户提供IT服务，而且我们用的服务器都是IBM磁盘阵列RAID高端的设备，您看……"

王总看着手表面露难色，"Jack，你们的公司大楼和设备不是我要看的，挑重点啊，时间有限。"

"好的王总,不好意思啊,今天因为我准备得有点匆忙,我本来预计要讲30分钟的,现在才刚开始,所以呢,我再讲一下我们公司的基本情况吧,我们公司成立于2001年,刚开始是一家做软件设计的企业,后来呢,公司开始发展各项业务……"

王总的眉头皱了起来,"Jack,今天主要还是要谈谈你们的产品。"

"对对对,王总,我找一下啊,产品在这一页……对了,这就是我们的产品,您看这个照片,我们是做软件的,我们有很多种软件,非常丰富的分类,有商业的,也有免费的,可以直接手机扫描二维码,下载安装,安装完以后就可以用手机微信直接登录,进入到用户页面,哦……"

王总终于受不了了,"Jack,你的产品怎么用你可以和我们的工程师说,我听到现在都不知道你要给我推荐你的哪一款产品,对我们有什么用处。这样吧,5分钟时间也到了,我马上要开会去了,你回头在前台留一份你们的资料,有需要的话我会联系你,好吧,就这样啊!"

王总头也不回地离开了会议室,留下了满头大汗和一脸无助的Jack。好好的一场客户约谈,就这样被一个缺乏逻辑、搞不清状况的Jack给搞砸了。你遇到过这样的情况吗? 如果遇到,你会怎么做呢?

其实,约谈客户看上去真不是件容易的事情,但是如果你能掌握方法,抓住要领,那我相信你面对客户就会轻松很多。CZ老师接下来要教你一个很厉害的技巧,帮助你瞬间抓住客户的注意力,拿下大客户!

这个技巧就是**唤醒客户需求的WAKE结构**。

要知道,既然客户同意你去拜访,也就意味着他对你的产品和服务是有那么一点兴趣的,他们等待着你用你的演讲来唤醒他们的需求,勾住他们的胃口。如果你没有抓住这个机会,那你就失败了。

这个WAKE结构,就可以帮助你。四个字母,W就是Why,A就是Advantage,K就是Keywords,E就是Expectation。

如果你约谈客户的时候,按照这样的结构来谈,你的表达就会效率百倍。

我们先来看第一个字母W,即Why。

爱因斯坦说过这么一段话,让我印象尤为深刻:"如果给我1个小时解答一道决定我生死的问题，我会花55分钟来弄清楚这道题到底是在问什么。一旦清楚了它到底在问什么，剩下的5分钟就足够回答这个问题。"

和爱因斯坦解答科学问题一样，在约谈客户之前，你自己有没有想过Why：我今天为什么要去客户那边呢？俗话说，商场如战场，很多人没有准备，就直接上了战场，结果铩羽而归。为什么？因为你在上战场之前，压根就没有想过，敌人是谁，我为什么要去打仗。打仗的原因有很多种，与客户面谈的原因也很多。与客户面谈之前，你要仔细问问自己：Why？我为什么要去见客户？

可能，今天我是去说服客户购买我们产品的。

可能，我今天是去介绍公司情况的。

可能，我是第一次去拜访搞好关系的。

可能，我是去推荐新项目求合作意向的。

总而言之，你得把为什么要去见客户的前因后果思考透彻了，这样的话，当你真的面对客户的时候，你的思路就会非常清晰。

当然，我还要指出一个问题，就算你自己已经想清楚了这个Why，你还得让客户明白你这个Why才行。我们有不少人说话特别委婉，有话不直说，喜欢兜兜转转绕圈子，绕了半天还说不到重点。如果你面对客户的时候也这样，那很有可能对方很快就不耐烦不想听下去了。

因此，CZ老师告诉你，面对客户的时候，除了必要的寒暄以外，你应该一开始就用一句简洁明了的话把今天为什么要来到这里的这个Why说出来，让客户明白你今天来的目的，也愿意听你讲下去。

我们来试试看这个Why该怎么说。在不同情景下，可能有不同的表达：

"董事长您好，今天非常高兴能有这个机会介绍一下我们公司最新的一款产品，希望能得到您的认可。"

"王总您好，上次我们谈的项目合作非常愉快，这次我想把回去拟定的项目细节和您过一遍，看看您有什么疑问我们再进一步交流。"

"李经理，今天感谢您给我这个机会来拜访，首先我会对我们公司做一个整体介绍，让您对我们有一个基本的了解，有任何问题您都可以随时打断我的，谢谢。"

怎么样,是不是给了你一些启发呢?

在今天课程开场的那个案例中,Jack 并没有一开始就清晰地告诉王总 Why,而是直接介绍公司,然后各种跑题,导致王总失去耐心,再也不想听下去了,最终很敷衍地让 Jack 留下产品介绍目录,你觉得王总真的会看吗?

所以,如果你是 Jack,我建议你第一句话可以这么说:"王总您好,感谢您给我拜访的机会,今天我来的主要目的,是向您推荐一款我们最新研发的手机移动端的人力资源管理系统。相信这款系统能帮助到您的工作。"

你看,这样是不是就非常简洁明了,一击即中地让客户明白了你的来意呢?

我们的第二个字母是 A,Advantage,你的优势,或者说你的价值在哪里。

A 这个步骤是整个演讲能否唤起客户的兴趣的关键因素。能否拿下单子,就看你的产品和服务到底有什么优势,到底能不能给客户带来他想要的价值。

如果你有产品,那么请你说明白,你的产品和别的产品比好在哪里? 客户为什么要买你们的产品? 如果你是介绍公司,那么请问和你们公司合作,能给客户带来什么样的利益? 如果是项目洽谈,那么你们的项目有什么价值,能给客户带来怎样的便利和好处?

让我们继续用开场 Jack 的案例来分析一下吧。Advantage 一定要紧接在 Why 后面赶紧讲清楚,千万不要像 Jack 那样,介绍公司有几层楼,有什么样的服务器,绕了半天圈子,还没说到重点。要知道客户的时间很宝贵,他根本不关心你说的那些东西。客户关心的就是你有什么优势,你能给他带来什么价值。

如果你是 Jack,你可以这么介绍你的 Advantage:

"王总您好,这个系统能帮助您和您的人事经理,无论何时何地,全方位全天候掌握公司人员情况。有了这款系统,无论您在旅途中,还是在家里,都可以非常方便地看到全公司的人力资源信息,包括日常人员变动,招聘和离职的信息,每个员工的工资信息、出差费用审批、请假单申请,等等,会给您的工作带来很大的方便。"

好了，下面让我们来看第三个字母K。K就是Keywords。

刚刚阐述完了你的优势和价值，我相信你的客户已经对你的产品有了更大的兴趣，但他还不知道很多细节。Keywords就是用一些简单的关键词，让你的客户知道你接下来要展开讲的细节内容可能是哪些，也就是你的演讲纲要，你的目录，你的内容向导。

如果你是Jack，你可以这么说："王总，关于这个产品，我想从以下三个方面进行介绍：第一，这个系统工具具体能给您的工作带来哪些实实在在的帮助。第二，系统的安全性和可靠性，以及后期服务。第三，这个系统的整体购买费用和后期维护费用。下面我来具体展开。"

好了，Keywords也完成了，怎么样，结构是不是非常清晰呢？

最后一步是E，Expectation。也就是，我希望从听众那里得到什么。是要求客户购买呢，还是给未来拜访留下一个时间窗口？

当然，如果是要求客户购买，千万不能那么直白地说你买还是不买？

在刚才那个案例中，假设王总时间充分，Jack也完整地介绍了产品的话，他可以在最后这么说：

"王总，刚才我从三个方面具体介绍了我们的产品。我相信您也大致了解了我们产品的优势，以及能给贵公司带来的便利。如果可以的话，我想请您对我们的价格和服务提出您的意见和建议，也谈一下我们未来合作的方式。"

如果王总是真的只有5分钟时间马上要去开会，你也可以这么说：

"王总，您看是我们现在开始具体谈合作呢，还是我留一份资料给您，下次再向您介绍详细的内容？"

WAKE结构能非常好地帮助你应对约谈客户的场景，唤起客户的兴趣和购买欲望，希望你能学以致用。我们最后把Jack的案例连起来演习一下吧：

"王总您好，我叫Jack，感谢您给我拜访的机会，（W）今天我来的主要目的，是向您推荐一款我们最新研发的手机移动端的人力资源管理系统。

（A）这个系统能帮助您和您的人事经理，全方位全天候地掌握公司的人员情况，非常方便。有了这款系统，无论您在旅途中，还是在家里，都可以看到全公司的人力资源信息，包括日常人员变动，招聘和离职的信息，每个员工的工资信息、出差费用审批、请假单申请等，会给您的工作带来很大方便。

（K）关于这个系统，我想从下面三个方面介绍一下：第一，这个系统工具能给您的工作带来哪些实实在在的帮助。第二，系统的安全性和可靠性，以及后期服务。第三，这个系统的整体购买费用和后期维护费用。（E）您可能马上要开会了，您看是我现在开始具体介绍呢，还是留一份资料给您，下次再向您介绍更详细的内容呢？"

怎么样，唤醒客户需求的 WAKE 结构，学会了吗？ WAKE 模型，帮助你从根本上解决面谈客户的问题，保证让您下次面对客户时，不再会手足无措。

拜访客户的场景充满不确定性，要保持头脑清晰，沉着应对。

27

明星代言，
不如创业者自己代言

> 自己代言省成本，又出风头又中肯
> 简单真我最本色，加点幽默更出色

最近几年，越来越多的创业家出现在了电视上、网络上，甚至各种真人秀节目中，为广大"吃瓜群众"所熟知，他们俨然成了时尚明星。一谈到某个企业，立刻会想到他们的创始人。一提淘宝，我们立刻想到马云——"今天你对我爱理不理，明天我让你高攀不起。""今天，你有没有做马爸爸背后的女人？"

一提到京东，立刻想到了刘强东。当然也有人首先想到的是"奶茶妹妹"。

提到万达立刻想到王健林：先定一个小目标，赚他一个亿。

提到百度立刻想到李彦宏，提到新东方自然想到俞敏洪，提到格力当然是董明珠，提到小米会想到雷军，提到360自然是周鸿祎，等等。想到这些企业，我们的第一反应居然都是他们创始人的名字，你们说这是为什么呢？

因为这些创业家经常出现在公众面前发表演讲。他们已经认识到，这个时代，与其花很多钱找明星代言来吸引眼球，还不如现身说法，站上台演讲，为自己的企业代言，反而能够获得公众的信任感，拉近和消费者的距离，增强可信度。这样一来，对消费者来说，公司不再是一个个冷冰冰的名号，而是一个个活生生的人物，一张张鲜活的面孔。因此，我们中国的很多创业者自然而然成了自己企业的代言人。

当然，并不是所有人都已经意识到演讲的重要性，CZ老师接触过的创业者中，有一部分人甚至认为演讲不过是华而不实的作秀，他们觉得创业家就应该"低调、实干"。总结来说，他们对演讲的常见误区有以下三种。

误区一:"演讲就是作秀,中看不中用"

近年来有些明星创业家,一上台就能讲段子,动不动来个脱口秀,他们的演讲俨然成了一个娱乐节目,能引起大众轰动、粉丝围观。比如锤子手机创始人罗永浩,每次他开发布会,现场总是爆笑不断。有人说老罗的发布会是学乔布斯,我说人家老罗明明学的是郭德纲嘛。

CZ老师觉得,老罗的演讲虽然是一场秀,但并非华而不实不务正业,而是实实在在能提高企业的知名度、品牌的可信度和产品的推广度。就像我们刚才谈到的那些赫赫有名的企业家,在拥有超凡的创业能力的同时,也拥有过人的演讲能力。作为一个创业者,不必刻意去模仿乔布斯、马云和罗永浩,但是要有意识地提高自己的演讲能力,为自己的企业站台。

误区二:"演讲就是开会嘛,说我想说的就好了"

"演讲就是说我想说的",这种想法可能和我们的传统的企业管理模式有关系。在传统观念中,领导就是权威,就是权力,下属必须无条件地服从,不能有半点异议。如果军队治理用这种模式,那就是一支百战百胜的强大军队,无人能敌。可是在现代企业中,人才发展成了重中之重,领导和员工的关系越来越微妙,能否调动员工的积极性,往往决定了企业的生死存亡。

CZ老师回国后的第一份工作是在一家高科技的世界500强跨国公司。它在全球所有的办公室都是一模一样的,一个大厅里,都是开放式的小隔间,不管你是普通员工还是总监,全都一人一隔间,谁都没有特权,甚至连CEO都没有单独的办公室。在这样一种文化下,不管你是总监还是普通工程师,大家都直呼姓名,Jack,Cindy,Michael,Jason,Jennifer,每个人都可以畅所欲言,氛围很好。

因此,国内的企业,领导和员工的相处模式也该变化变化,领导要多从员工的角度出发。如果你开会发言能够生动有趣,打动员工的心,你想想,是不是更加容易激励员工的斗志，让他们更愿意主动为企业做贡献呢？

误区三："我英语不好，只好多Say sorry"

很多中国人对自己的英文不够自信，面对外国友人，开口第一句话往往是："Sorry, my English is very poor."（抱歉，我的英文很糟糕。）其实，这样的道歉不仅完全没有必要，反而还把别人对你的印象分给拉低了。要知道，你长的就是一张黄种人的脸，谁也不会把你认错当作白人，没有人会要求你必须讲一口纯正的英语。

著名脱口秀演员美籍华人黄西，他可是个地道的中国爷们儿，他的英文，那叫一个纯正，不过是纯正的东北味儿。可人家在美国总统白宫记者招待会上，讽刺美国政治，把美国副总统拜登逗得哈哈大笑。

观众是来听你讲纯正的英文的吗？他们在意的是你演讲的内容，只要你内容好，英文纯不纯正又有什么关系？马云去美国和特朗普会谈，你仔细听他的英文演讲，虽然他以前是英语老师，可他讲英文还是有那股Chinglish的感觉，但这一点儿也不妨碍他在国际舞台上风光无限。

刚才三个误区，让我们理解了为什么中国的企业家演讲能力普遍比较欠缺。有一位英国著名的演讲培训师Martin Newman，在他的一本书里总结过外国朋友对中国企业家的普遍印象：

"他们好像都戴着面具，你根本不会知道他们在想什么。"

"他们总是滔滔不绝，但我还是不太明白他们想表达什么。"

"工作拼命，严肃，正襟危坐，不是很有趣。"

"他们看起来有一点儿让人畏惧。"

"我不知道我是否能够相信他们。"

当CZ老师看到这些老外对中国人的评论时，深有同感。在我过去10多年的外企生涯和经历的中西文化的差异中，我也感受到了外国友人在商业场合对中国创业者的强烈不信任感。有相关研究也表明，在调查各国企业家在国际社会上的被信任度中,中国企业家最低。为什么呢? 难道是因为中国企业家不会做生意? 并非如此,论实干精神,论才华智慧,论敢拼敢闯,中国企业家肯定是世界上首屈一指的,这才能在市场经济这短短几十年中,创造出许多闻名世界的中国品牌,如华为、格力、小米。

问题的根源,不是缺商业技能,而是缺演讲能力。演讲能力的欠缺,给外国朋友造成难以接近和难以信任的感觉。那么,未来的创业者们,你们到底应该如何提高演讲能力,以改变外国友人对中国企业家的印象,从而成为自己品牌的代言人呢?

让CZ老师用三个步骤来帮助你们。

步骤一: 简明扼要,直击要害

2005 年,乔布斯在斯坦福大学毕业典礼上做了一个经典的演讲。简单开场以后,他是这么说的:"今天,我只给大家讲三个故事,只是三个故事,没别的了。"没想到吧,这么重要的一个演讲,什么高大上的开场白都没有,直奔主题——我今天就说三个故事,马上把大家的注意力吸引过来了。

中国人说话总是给人感觉"老是不停地说,却不知道在说什么",可能中文语言的形式本来就不重语法和逻辑,而重情感化的表达,所以说起话来比较像散文,呈碎片化,因此就给别人造成总在绕圈子的印象,说来说去没有重点。如果能像新闻标题或者广告那样,简明扼要,直击要害,一句话概括重点,少而精,就可以事半功倍了。乔布斯在那个斯坦福演讲的最后,留下了传诵至今的那句"stay hungry, stay foolish"。

步骤二: 摘下面具,展现真我

和西方人比,中国人内敛,这也是我们的民族特点——不容易被人发现自己的情绪。作为一名企业家，保持冷静固然很重要，但如果总是面无表情，没有情绪，不免让人望而生畏，难以亲近。我见过许多高管，私下聊天时充满激情，很有幽默感，但是，一站上舞台演讲就变得死气沉沉，身体僵硬，言语无聊枯燥。如果你演讲时不够自信，不敢把真实的自己展现给观众，不愿意将心比心地分享自己的故事，又怎么可能打动观众呢？

在我很爱看的一部美剧《实习医生格雷》中，有这么一个片段。凯丽正在准备一个TED演讲，她很紧张。她觉得，作为一个整形外科医生，跟大家分享什么软骨头属性，肯定没人愿意听。她想尽一切办法逃避这场演讲，结果还是躲不掉。当凯丽拿着演讲稿，紧张到说不出话来的时候，她心一横，算了，豁出去了，索性扔掉讲稿，深吸一口气："大家好，我是凯丽·托瑞斯，过去一年我的生活非常糟糕。在一次车祸中我虽然活下来了，但我最好的朋友和我孩子的爸爸离开了这个世界……"

没有稿子但却掏心掏肺的演讲，为凯丽赢得了全场雷鸣般的掌声。虽然这是电视剧里的情节，但演讲者能丢开讲稿，摘下面具，从心出发，展现真我，让观众窥见他们的灵魂深处，这是多么强大的演讲方法啊！

所以，你不要老是挂着一张扑克脸，还是做一个有血有肉有个性的人吧！

步骤三：语言幽默，说话有趣

在外国人眼里，很多中国人说话总是特别严肃，没什么乐趣，一点也不好玩。如果在演讲的时候，能够加一点幽默感，就能大大增强观众的信任感。有研究表明，有幽默感的人，给人的印象中会有更多的优点，比如：友好、和善、有趣、聪慧、情绪稳定、反应敏捷。在《哈佛商业评论》上有一篇文章说道，"幽默能够减少对抗，避免指责，缓解紧张关系，提升士气，还有助于复杂信息的表达。"

对于幽默这个问题，美国总统奥巴马给全世界人民做了一个示范。每年，他在白宫记者招待会晚宴这么一个重要的场合，都要用各种段子自黑一把，巧妙地化解媒体对他的各种攻击，引发全场一次又一次的爆笑。这种幽默感简直无人能及，难怪有人说他是世界上最厉害的段子手，卸任以后应该去做脱口秀明星。如果我们的企业家们也能够尝试放松一些，面带微笑，语言幽默，说话轻松有趣，想必大家一定会更喜欢你，更愿意拉近和你的距离吧。

好了，总结一下，三个步骤：简明扼要，直击要害；摘下面具，展现真我；语言幽默，说话有趣。如果能做到这三点，想必正在创业，或者准备要创业的我们，未来一定能够像马云等人一样，成为优秀的演讲者。

中国创业者的商业能力是非常强的，之所以演讲能力显得弱，只是因为意识不到位，方法没学会。如果能够给予足够的重视，避免一些误区，再投入足够的时间，用CZ老师教大家的方法进行充分的训练，你一定能在这个互联网时代大放异彩，成为自己品牌的代言人。CZ老师祝你早日创业成功！

企业家日益活跃在各类演讲舞台上，为中国点赞！

主持会议，
三招帮你Hold住全场

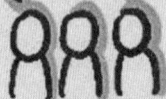

参加会议好无趣，废话太多老跑题
三招主持高效率，Hold 住全场无压力

你曾经主持过会议吗？你有没有参加过很多冗长而无效的会议？我们在企业里天天要开会，有时候一天下来，所有的时间都被会议排满了。想一想，有多少会议真的有效呢？召开一个会议很容易，但把一个会议开好却非常不容易。

Jack 是一家世界 500 强公司的项目经理。有一天，他召开了一次会议。来的人有市场部的经理，有销售部的总监，有研发部的专家，有生产部的同事。好了，大家都陆续就座，Jack 放好他的 PPT，准备开始他的会议了。

"嗯，大家好，我是 Jack，感谢大家来参加今天的会议。今天把大家邀请过来是想让大家看看我们这个新产品的开发。这个新产品呢，大家看一下 PPT，我们设计当中主要考虑到这么几点。第一……，第二……，第三……，然后我们客户在使用过程当中呢，主要注意的也有三点，第一……，第二……，第三……，然后我们的代码呢，在这里非常值得注意的有这么几个地方，在研发过程中也遇到了这几个问题，有个案例跟大家分享一下。就是程序员呢，发现这个地方是这样子的，然后呢，我们的产品又是这样，所以呢，改来改去，发现还是原来的代码没问题，所以呢……"

Jack 滔滔不绝地讲了快 20 分钟，台下的人都开始昏昏欲睡。这个时候坐在下面的销售部的总监 Michael 终于坐不住了。他站起来，打断 Jack："Hi，Jack，不好意思我打断一下，我昨天晚上的飞机刚刚回来，时差还没有倒过来。我有点迷茫，你今天到底要来给我们讲什么？"

Jack："不好意思啊 Michael，嗯，我今天请大家来呢，主要是想说，你看一下 PPT，我们的产品有着么几个特点。我们的用户使用时，一定要注意以下几点,还有我们的代码呢,遇到了这么几个问题,你看……"

还没等 Jack 讲完,Michael 又再次打断了他:"Jack,不好意思,你讲了半天我真的不知道你要说什么,你不要再讲这些了,你能不能先告诉我们所有人,你今天为什么要开这个会议,你到底要跟我们讲什么?"

Jack 被这个厉害的销售总监 Michael 给吓到了。会议室里每个人都幸灾乐祸地看着 Jack,嘿,这小子终于不说话了,整个世界终于清净了。

Jack 看着天花板,半天说不出话来。"嗯,今天……我要跟大家讲什么……嗯,我也不知道……要跟大家讲什么,就是那个,这个……"又过了 10 秒钟,Jack 终于还是想明白了,他说:"嗯,Michael,各位同事,是这样的,今天请大家来呢,我想告诉大家的是,我们这款新产品的开发已经全部完成了,也满足了公司所有的规范,所以明天就可以推向市场,量产了,可以卖给客户了。"

"原来如此,Jack,我听了半天就是要听这句话嘛,你之前啰啰唆唆讲了一大堆。其他同事都 OK 了对吗?研发部总监,测试通过了对吗?好的,生产部后期也能跟上对不对?好,我们销售部会立刻跟进的,其他具体信息你们继续聊,我还有很多事情要去做,我先走了。"Michael 就这么从门口走了出去,Jack 看着 Michael 的背影,满头大汗却又不知道说什么好。

你有过 Jack 这样的经历吗?或者说,是不是有很多这样的 Jack 在公司里存在呢。大家算一下,在公司的时候,平均一天有多少会议要参加?小的有讨论会、部门小会议,大的有跨部门项目会议,以及公司的大会,还有培训会、推介会、客户见面会,等等。在公司的时间,几乎一半用来开会,另一半才去落实工作。有的时候你会不会觉得很多会议开了跟没开一样?去开会以前,我也不知道是个什么会就去了,开完了以后,我还是不知道这是个什么会。

如果会议只是空喊口号,只是众说纷纭,而没有达成什么计划和目标,更没有落实到什么行动上,那么会议就等于浪费大家的时间。只有在每一个与会人员走出会议室的时候,明明白白地知道马上该去干什么,这个会议才是有效的。那么,开好一个会议真的就那么难吗?如何把会议开得高效而有结果呢?

让 CZ 老师来教教大家,主持会议,如何用三招 Hold 住全场。

我们在开会之前要问自己的第一个问题就是,你有必要召开会议吗?是否用电话会议和电子邮件也可以取得同样的结果呢？如果决定要召开会议，一定要有一个清晰的目标，这就是会议主持的第一条。

Hold 住会议第一招：清晰的目标

在开会之前，一定要有一个清晰的目标告诉大家，为什么我们要召开这次会议。有可能这场会议是为了传达信息，有可能是为了阐明新方案，有可能是新产品发布，有可能是为了和大家达成一致意见，有可能是为了布置任务、采取行动。在刚才 Jack 那个案例中，他的目标其实就是新产品发布，告诉大家这个产品可以卖给客户了，可是他却没有清晰地在会议前告知大家，在开场时，总是谈产品的细节，说了老半天都说不到重点，所以才会遭到 Michael 的挑战。

要做到目标清晰，这就要求会议的发起者，必须提前告诉与会人员这次会议的内容，需要哪些数据，还有要讨论的相关问题。这样，参会人员才可以带着自己的建议和想法，以及支持性的数据来参加会议，以便各方领导在会场上拍板。如果你是会议发起者，那么这对你来说就是一个挑战，你要通知大家的不仅仅是召开会议的时间、地点和主题，还必须起到组织和协调作用，甚至与每一位核心与会者（英文叫 stakeholder）充分沟通，保证会议的效率。

Hold 住会议第二招：坚守住议程

一个好的会议必须有一个清晰详细的议程，以防止跑题。当然，有一个议程还不够，还要注意可能出现的问题。有的时候，我们真不知道自己在开会的时候会说些什么。销售部的经理 Michelle 召开了一场会议，我们来到会议现场看看他们的对话。她到底遇到了什么样的问题呢？

（Michelle）"我认为这是提高我们在欧洲销售额的大好时机。目前这对我们来说是很重要的，所以让我们来谈谈如何实现这个目标。"

（Jack）"嗯，这意味着有更多的机会去慕尼黑参加交易会，我赞成！"

（Michael）"美丽的城市，最棒的啤酒！我们上次去的酒吧叫什么来着？"

（Jack）"那一次你喝得酩酊大醉，是我把你扛上出租车的，还记得吗？"

怎么样，Michelle 主持的会议是不是很糟糕？总是跑题，总是被打断。其实作为会议的主持人，Michelle 的任务就是要礼貌而坚决地不让会议跑题，不让会议被打断，随时把大家拉回来。好了，Michelle 在学习了 CZ 老师的会议技巧之后，让我们来听听，接下来 Michelle 是怎么做的。

（Michelle）"对不起，在座的各位，坦率地说，我们这样面对面会谈的机会并不是很多。所以我希望我们不要太离题了。我希望对某些关键问题进行处理。这些问题必须要在今天解决。让我们尽量完成这些问题好吗？谢谢。"

（Jack）"哦，我先回复一下这封邮件，稍等。"

（Michelle）"Jack，你等一下回复可以吗？我们今天有很多问题要处理，我希望马上就开始。"

（Jack）"哦，好吧。"

（Michelle）"谢谢！"

怎么样？Michelle 做得不错吧？不偏不倚，坚决而有礼貌。要知道我们每个人都非常忙，千万不要去浪费别人的时间开无效的会议。因此我们说，在会议当中，不仅要有一份详细的议程，而且还要防止跑题。

Hold 住会议第三招：确认和跟进

有了清晰的目标和详细的议程，我们每个人都能带着目的参加会议，也不太容易跑题，你的会议已经成功了一大半了，千万不要虎头蛇尾、功亏一篑。所以在会议结束的时候，我们一定要有确认和跟进的环节。

什么意思呢？很多会议在结束的时候，大家感觉似乎已经达成一致了，可是又好像还没有达成一致。如果这个时候匆匆结束了会议，很多人在会后收到会议纪要邮件时，会突然提出反对意见，不对啊，我在会议上没有这么说啊，没有这么答应啊，你没和我确认过啊，于是这个会议的主持人就很尴尬，不得不重新协商，甚至再次开会讨论。为什么呢？因为我们每个人都有自己的想法和思考的方式。所以在会议结束的时候，作为会议的主持人，一定要和与会的每一位重要参与者一一进行确认。

比如说："Michael，关于这个新产品，销售部下个月开始销售没有问题是吗？好的。市场部这边呢？推广计划可以对吗？ OK，好的。研发部总监，技术这块麻烦你跟进下，好的，辛苦了。生产部本周开始能跟上对吗？嗯，太好了。谢谢大家！"你用短暂的一对一确认来问大家，这个时候每个人都知道，我是否同意，我应该干什么。这些可以写入你的会议纪要当中，让大家明确地知道，谁同意了什么内容。

除了确认总结之外，还需要有一个非常清晰的跟进计划（action plan）。比如，有部分工作是要生产部负责的，那么谁来负责跟进呢？时间节点呢？市场部的推广又是谁负责呢？是怎样的时间节点呢？当你把每个人的计划都摆出来的时候，每个人都知道自己要干什么。也许你会说，有些会议开完后还不能确认一个完善的计划。但至少你要告诉大家，在会议结束之后1个月，我们可能会和谁进行沟通和联络。让大家能够更好地去跟进，去执行这个计划。

怎么样，掌握了吗？这就是我们说的 Hold 住会议的三个大招。让我们来回顾一下：第一招，清晰的目标，让每个人都清楚知道自己为什么来；第二招，详细的议程，并要防止大家跑题，随时拉回来；第三招，确认和跟进，主持人最终要和大家确认，有明确的时间节点和负责人。学会了这三招，你的会议一定能更有效，你一定会成为一个非常棒的会议主持人。

最后还有一个问题要提醒大家，有时候已经通知好大家会议的时间和地点了，可是由于突发事件，或者和领导的时间临时冲突了，导致会议不得不取消。这时，你一定要迅速处理，不能一拖再拖，如果直到会议前10分钟才通知大家，这是非常不礼貌的。因为与会人员可能本身非常忙，时间很紧张，为了这个会议而推掉了其他重要的事情。如果你尽早告知大家会议的临时变动，那么他们才可以去安排其他的事情。

设想一下，如果别人约你周末吃饭，当你开了几十公里路到了吃饭地点时，对方才电话通知你：不好意思哦，我临时有事，今晚的约会要改时间。你肯定觉得很愤怒。一定要尊重别人，千万要重视这些细节，开会时间有变动时，一定要马上告知与会人员，并安排会议的调整。

好了，清晰的目标，坚守住议程，确认和跟进。赶快运用到你实际的工作中去，看看这三招如何让你成为 Hold 住会议的高手。

> 不要让你的工作时间都白白浪费在各类无效会议上。

29

客户投诉，
四步骤愤怒变忠诚

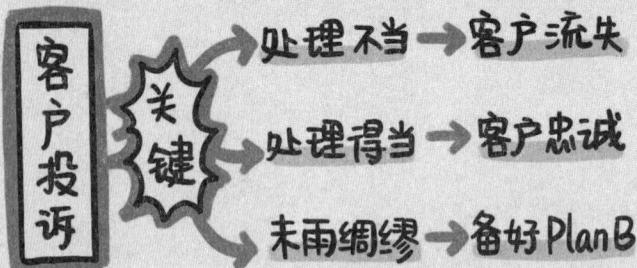

2010年4月，英国BP石油公司在美国路易斯安那州海岸的钻井平台发生爆炸，导致11名工人死亡，17人受伤，大量的石油泄露到了墨西哥湾。BP公司没有马上公布所有信息，而是极力掩盖漏油事故造成的危害，公司发布的漏油量也大大低于专家们的测量数据，还拒绝第三方科学家测量漏油的速率，并将责任推卸给了其转包商。公司总裁托尼·海沃德不仅没有第一时间出来公开道歉和处理危机，反而去看帆船比赛。接受电视台采访时他还表示，希望这个危机可以早点结束，"因为我希望找回自己的生活。"结果漏油事件不断发酵，最终导致墨西哥湾生态遭受巨大破坏，产生了无可估量的环境和经济损失。与此同时，英国BP公司也遭到了美国联邦法庭史上最昂贵的判决，要求赔偿187亿美元，成了历史上判赔金额最高的公司。

可见，当一家公司不好好处理出现的危机，想置身事外，躲躲闪闪，不真诚，没有担当，反而会产生巨大的不良后果。不仅公司需要处理事故，在职场中，我们也会经常会遇到事故，最常见的就是客户投诉。遇到客户投诉的时候，如果处理得好，依然能够留住客户；如果处理不当，就会提高客户流失率。长此以往，生意萧条，业绩下滑，肯定不是公司愿意看到的结果。因此，应该要未雨绸缪，防患于未然，我们要准备好应急措施和应对策略，一旦遇到突发事件，才不至于在面对客户突如其来的投诉时措手不及。处理危机，永远要有个Plan B。

CZ老师给大家准备了四个步骤，帮助大家轻松应对客户投诉。有利器防身，应对突发状况时，就能游刃有余、应对自如。

在谈方法之前，我先给大家看一个具体的案例。

你是一家商场的手机销售员，有一天，一位女顾客拿着手机，怒气冲冲地来到你们门店投诉。

"我是第三次来到你们店里了！你们的手机怎么回事？第一次是我来买手机，你们说送话费，我就买了。第二次，是我拿来让你们维修，每次一开摄像头功能就出问题。卖的时候明明和我说是高清摄像头，1 000 万像素，怎么每次拍出来的照片都那么模糊？你们维修好了给我，我相信你们，以为真的修好了。结果上个星期六，我外孙女的满月酒，他们让我用手机拍全家福，拍了半天，结果发现照片都是糊掉的！白拍了那么多全家福，脸都看不清，难道叫我们亲戚全都回来重新办一次满月酒吗？上次我来维修的时候，你们口口声声跟我保证绝对不会再出问题。现在你们说，怎么办？"

"嗯，不好意思，请您先填一个维修单吧。"

"什么？又要先填维修单？我上次填过了，不填了。"

"不好意思，这位女士，在维修以前呢，必须要填这个维修单。"

"你没长耳朵吗？还是和以前一模一样的问题！你说，现在到底怎么处理？把你们经理叫来！"

当客户投诉时，你会发现他们表现粗鲁，说话难听，十分令人讨厌，而且，无论你说什么，好像你说的每一句话都是错的。作为接待人员，你一开口，很可能事情就变得更糟糕了。想知道为什么吗？

CZ老师告诉你一个秘密，客户之所以表现得那么强势，其实是**因为客户感到恐惧**。"啊，我没听错吧？客户居然会感到恐惧？她那么厉害，说话像机关枪一样，明明恐惧的是我啊，为什么说她在恐惧呢？"别着急，听CZ老师来解释一下。

这位来投诉的女士，她明明上次拿来修理好了，为什么拿回去又坏了呢？她担心的是，工作人员会说，我们明明修好了，是你拿回去又坏了，肯定是你自己把手机摔在地上又摔坏的，所以我们没办法为你免费维修了。

你看，很多时候，客户之所以上来就那么强硬，其实内心担心的就是，卖方把责任推在了买方身上，而买方却占弱势，所以不得不在语气上让自己变得很强硬,结果,听起来就变成了一个可怕的刁蛮客户。

当然,你可能会说,我没有推卸责任啊,我已经让客户走程序、填单子了。至少表明了我接受她的投诉,并且愿意为她的手机再免费维修一次啊!是的,你的做法没有错,但是客户心里不舒服。你想到的第一件事是填表格,按照程序走,没有错。但是来投诉的客户此时最需要的,不是走程序、填表格,而是想发发火,抱怨抱怨,为什么买了这个手机老是出问题,而且还毁了她外孙女满月酒上的全家福。不是找你就是找别人,她总是需要一个怒气的出口。

其实只要掌握了客户的基本心理,对待客户投诉并不是特别难,让CZ老师教你四个步骤,轻松处理好客户投诉,不让投诉升级,而是让客户满意,最后成为你的忠实客户。

第一步: 换位思考

要解决客户投诉,就要先理解客户,站在对方的角度思考,感受到他此刻的心情和需求。首先客户的需求就是要找一个出口发泄,并且必须是卖方的人,才能让他出出这口恶气。记住,此刻他并不是针对你进行人身攻击,只是要找个代表,抱怨这件事情的发生让他很不爽!举个例子,如果你大老远跑去日本买了个昂贵的高级电饭煲,回来后煮了两次饭,发现电饭煲突然坏了,你会是什么样的心情?我专程坐飞机去日本买了那么贵的东西,结果这么快就坏了?是不是很想爆粗口,把整个日本都骂一通?

别激动,只是打个比方而已。对待刚才那个投诉手机的客户,你可以让她发泄完之后,关切地问一下:"不好意思,是不是上次修理完拿回去一使用就发现又坏了?"然后仔细倾听投诉内容,并表示你的遗憾:"实在很抱歉,给您带来麻烦了。"让对方感到你的真诚和耐心。没有人能够对持同情态度的人长时间保持愤怒,因为你同情对方,说明你和对方站在同一战线上,那么对方又怎么可能去伤害自己人呢?

当然,同情对方不是卑躬屈膝,而是你去理解对方真正的问题所在。像对刚才那个客户,你可以拿过手机,自己打开摄像头,拍照试一下:"从屏幕上直接看的话,拍摄还是清晰的,但是拍完以后打开照片看,好像是模糊了很多。您遇到的就是这个问题对吗?""对的,就是这样,拍全家福的时候以为是清晰的,结果拍好了发到群里发现每张都是模糊的。"

"真的很抱歉,害得您全家福都拍得模糊了,这个手机真的是有点问题的。"

"对呀,你们承认有问题就好。"

"是的是的,我已经把问题输入电脑,我们会立刻告诉维修部。"

一旦处理好客户的情感,就可以顺利地开始处理实际问题了。

第二步: 分析原因

让我们再来看一个案例。音响销售部的 Jack 接到一个电话:"喂,我找 Jack。"

"我就是,你好!"

"我是 Michael,昨天在你那里买了音响,你承诺今天中午 12 点前送到。为了等这个音响,我今天早上特意请了假在家,结果现在已经 11 点 50 分了,为什么音响还没到?"

这个时候客户非常愤怒,你觉得 Jack 应该怎么做呢? 第一步我们已经说了,先听客户抱怨完,理解客户。

"你明明昨天承诺好的,为什么今天还没到?"

听到这样的抱怨千万不能回答说:"这是快递的问题,我也没办法。"

这样说肯定会激怒客户,应该回答说:"非常抱歉,我估计没送到的话,可能是哪个环节出了问题。"

"如果你不能做到今天中午送到就不应该告诉我,害我白白浪费了一个上午。"

"非常抱歉,我这边是交代过的,可能快递人员那边有什么误会。我马上去查清楚。"

好了，耐心听完客户抱怨，你的下一步应该怎么做？应该马上去查清问题，为什么货物没在12点前送到。你应该找到快递人员的电话，打电话过去了解情况。然后可能会发现，你之前告知快递人员的信息是，尽量在今天中午12点前送到。你没有说一定要在中午12点前送到，因此也就导致了这个货物没有准时送到。查找到根本原因才能方便你和客户坦诚相待，告知对方造成这个意外的原因，并且能够避免自己下次再犯同样的错误。这就是面对客户投诉应该做的第二步，找出问题的真正原因，才能采取合适的行动。找不到正确的原因的话，这件事情是没法真正得到妥善解决的，只会伤了客户的忠诚度。

第三步：达成一致

当Jack找到快递人员没有准时送达的原因之后，就应该打电话给Michael，解释由于自己的措辞不当，导致快递人员没有理解这个货物的紧急性，以至于没有及时送达。然后当务之急呢，就是和Michael再约一个时间，把音响尽快交到Michael手里。比如，改成今天下午送达。如果Michael下午不在家，可以考虑送到Michael公司，问问他愿不愿意。如果他不愿意，那就改成晚上等Michael下班后送到Michael家，如果这家快递公司晚上不送货，那么就要换一家晚上可以送货的快递公司。无论如何，一定可以找到让客户满意的解决方案。

第四步：确认结果

一旦达成解决方案后，就要监督这个方案被执行或者亲自执行，如果没有持续跟进，导致这个方案没有被成功执行，那么相当于前面几步的活都白干了。这样肯定导致客户生更大的气。比如，Jack可以告诉Michael，一开始确实是因为自己的失误,导致客户没法准时收到货物,还害得客户请假半天,所以他愿意自己亲自把音响送过去,这样就能保证让客户不会再抱怨了。如果达成一致,还是决定让快递公司送,那么就一定要实时跟进,到底这一次音响有没有准时送到客户的手里,确保不会再出现之前的状况。如果又没有执行好,那么下次同样的客户投诉还是会再出现。

CZ 老师最后和大家分享一个自己亲身经历的案例。前段时间,我们楼里的电梯又坏了,维修了好几次都没有修好。于是我就打电话投诉到物业公司的上海总部,告知这个问题,并且抱怨了几句,说为什么电梯老是没修好,给我们住户造成了很大的麻烦。之后,小区的物业就持续跟进这件事情,先是和我电话确认问题并道歉,然后确保电梯修好了,又打电话来和我确认,最后物业公司总部的服务人员又再次打电话来和我确认是否满意他们的处理。我觉得这样的处理方式就非常好。虽然一开始修了好几次电梯还是没修好,但是后面的持续跟进,让人感到这家物业公司还是挺认真负责的,是挺靠谱的一家公司,CZ 老师要给他们点个赞。

总结一下,处理客户投诉的四个步骤:换位思考,分析原因,达成一致,确认结果。只要你仔细认真做事,用心对待客户,那么这简单的四个步骤,应该就会在客户投诉的关键时候,给你指导和帮助,把恐惧的、愤怒的客户,变成安心的、忠诚的老客户。

> 能否恰当应对客户投诉,是一个公司能否走得长远的关键。

30

两性沟通，
男女来自不同星球

男女沟通有障碍？互不理解会伤害
三条差异免碰撞，火星金星都是爱

Mary工作了一天，回到家已经筋疲力尽了，她想和丈夫Tom分享这一天的感受。

Mary："工作太多了，我根本没有一点点私人的时间。"

Tom："你应该辞职，不必做得那么累，去找一些你喜欢的事儿做。"

Mary："可是我喜欢我的工作，只是他们过于期望我在短时间内改变一切。"

Tom："别听他们的，只要做你能做的就好嘛。"

Mary："我就是这么做的呀。哎，真不敢相信我今天竟然忘记了给我姑妈打电话。"

Tom："别担心，她应该会了解你很忙。"

Mary："你知道她怎么了吗？她需要我。"

Tom："你太会担心了，才会这么不快乐。"

Mary："我并不是常常不快乐，你可不可以听我说话？"

Tom："我不是正在听吗？"

Mary："为什么我觉得你没在听我说呢？为什么我还是这么烦呢？"

不愉快的谈话结束了，Mary觉得比她刚到家的时候更失落，而Tom也不知道他到底哪里没做好。怎么样，这样的场景，你在生活中是否也常常遇到呢？那个时候，你是不是也很抓狂呢？

美国《纽约时报》畅销书排行榜上曾有一本书连续158周排名第一，产生了巨大的影响力，这本书的名字叫做《男人来自火星，女人来自金星》。没错，男人来自火星,女人来自金星,作者用这个惊世骇俗的说法,把男人和女人比喻成来自两个星球的人,告诉大家,男女之间因为生理不同,存在着巨大的思维模式差异,由此产生了男人和女人之间普遍发生的矛盾。不论在生活中还是工作中,在家庭里还是在公司里,我们需要去认识和理解这种男女差异,才能减少冲突,更好地相处。

让CZ老师借用一下这本畅销书上的案例,以及这个火星人和金星人的说法,和你一起来聊聊男女之间思维和表达方式的不同,再给你一些有用的建议,帮助你在职场上更好地进行两性沟通。

差异一: 女人要倾听,不要解决方案

我们常常听到,女性对男性最常见的抱怨就是:"他根本没有在听我说话。"有时候,女人只是纯粹地分享她沮丧的感觉,或者抱怨她今天遇到的问题,而男人却误以为,嗯,她是在向我请教,需要我这个专家的建议。作为男人,一定要给女人提出好的建议,以此来帮助她。男人以为如果能帮女人解决问题,就能得到女人的尊重和爱。

以上Tom和Mary的对话,就是一个鲜活的案例。当Mary开口说工作太忙,没有私人时间时,我们再听一次Tom是怎么回答的:

"你应该辞职,不必做得那么累,去找一些你喜欢的事做。"
"别听他们的,只要做你能做的就好。"
"别担心,她应该会了解你很忙。"

你听,都是不错的建议,都是站在Mary的角度出发,给她找解决方案! 为什么Mary还是不开心呢? 对了,错就错在这四个字:解决方案。Mary要的是解决方案吗? 如果是的话,她应该很感激Tom告诉她这些啊。

男人不知道,女人的特点就是,在面对不开心、不愉快的事情时,最需要别人的倾听,她需要和别人谈论这些事情来发泄自己的感受,来表达自己的感

觉，然后自己把情绪调整过来，并不是真的寻求别人的解决方案。其实，只要专注与感兴趣地倾听，对女人而言，就是一种解决方案。

当你明白了这点之后，男同胞们，不要再犯傻了。如果你身边有一位漂亮的女孩子跟你抱怨，说自己的男朋友哪里哪里不好，自己的老公有哪些缺点，千万不要当真，如果你当真了，给她提出了你想到的解决方案："这么糟糕啊，我建议还是分手比较好！""啊？你怎么会有这样的老公，赶快离婚吧！"

你试试看，看她会怎么做？说白了，她无非就是到你这里来抱怨抱怨，发泄发泄情绪而已，她需要的建议，你也给不了。你给了，她也不会听的。

言归正传，让我们来帮助Tom解决这个问题。Tom学习了CZ老师的课程以后，我们来听听看他现在是怎么做的。

Mary："哎，太多工作了，我没有一点私人空间。"

Tom："嗯，你今天好像很累。"

Mary："他们期待我在短时间内改变一切事，我不知道怎么办。"

Tom："嗯哼。"

Mary："我竟然忘了打电话给我姑妈。"

Tom："哦，不太应该哦。"

Mary："她现在很需要我，我觉得很难过。"

Tom："你很有爱心，来，来这儿，让我抱抱你。"

Mary："Tom，我最喜欢和你说话，你让我真正感到放松和高兴，谢谢你当听众，我现在好多了。"

看，这不是皆大欢喜了吗？了解了金星人和火星人的特质，对症下药，很多日常生活的矛盾，就可以迎刃而解了。

现在，CZ老师要正式给出第一条建议了，是给男同胞的。火星人，你们听好了，如果自己的女朋友遇到问题郁闷了，不开心了，不要急着给她提出建议和解决方案，可以装装傻，只要走过去，抱抱她，听她说说话，她心里立马就舒坦多了。要知道，女人需要通过说话来排解她的烦恼，她也知道问题解决不了，但没关系，说出来，就舒服多了。只倾听，忍住不给建议，对男人来说，可能是一件苦差事，但是做不到的话，你可能会进一步激怒对方。你就当是看电视新闻一样，去倾听你女朋友的抱怨，记得千万别给解决方案，认真倾听就可以帮助她走出烦躁。

差异二：男人想静静，真的是要静静

男女之间常见的一种危机，就是女人常常误会男人的沉默。男人一沉默，女人就容易想歪，把情况想得很糟糕，怎么糟糕怎么想。其实，男人容易沉默，是因为男人和女人对压力的处理方式很不一样。

遇到问题和压力，女人喜欢聚集在一起，坦然讨论她们的问题而获得精神上的舒缓。为什么女生们都喜欢扎堆购物，与闺蜜喝喝下午茶？她们谈论什么正经事，解决什么问题了吗？没有。女人不以有问题为恼，她们碰到问题或不开心的事，必须立刻打电话约三五个闺蜜出来好好聊聊，如果没有人诉说，她们会很郁闷。女人之间会坦白地分享沮丧、困惑、无助和疲惫的感觉，她们以拥有能分享感觉与问题的好朋友而满足。当女人难过或者感受到压力时，舒缓的方式就是找她信任的人聊天，当女人与别人分享沮丧的感觉后，她能立马感到舒服。这就是女人解决压力的方式。

而男人处理压力的方式和女人完全不同。当男人感到有压力的时候，他喜欢把自己孤立起来，陷入沉思，独自解决问题，处理压力。此时，他可能会给人一种冷漠、心不在焉的感觉。你和他说话，他貌似只有5%的心思来回答你。此刻，他的心全被问题和压力占据了，如果女人不懂这点，你还是期待男人能像你一样，坦白地讨论所有的问题，那么你就要失望了。女人可能就会怨恨男人，为什么不能坦白，为什么不愿意搭理她。其实，这只是男人处理压力的方法，仅此而已。

让我们来看一个网络上的经典案例。

某天，一个女生在博客上写了好长一段话：

"昨天晚上他真的是非常非常古怪。我们本来约好了一起去一个餐厅吃晚饭。但是我白天和我好朋友去shopping了，结果就去晚了一会儿，可能他因此就不高兴了。他一直不理睬我，气氛僵极了。后来我主动让步，说我们都退一步，好好地交流一下吧。他虽然同意了，但是还是继续沉默，一副无精打采、心不在焉的样子。我问他到底怎么了，他只说，没事。后来我就问他，是不是我惹他生气了。他说，这不关我的事，让我不要管。在回家的路上我对他说，我很爱他，有什么话可以说给我听。但是他只是继续开车，一点反应也没有。我真的不明白啊，我不知道他为什么不再说'我也爱你'了。

我们到家的时候，我感觉，我可能要失去他了，因为他已经不想跟我有什么关系了，他不想理我了。他坐在那儿什么也不说，就只是闷着头看电视，继续发呆，继续无精打采。后来我只好自己上床睡觉去了。10分钟以后他爬到床上来了，他一直都在想别的什么事情，他的心思根本不在我这里！这真的是太让我心痛了。我决定要跟他好好地谈一谈。但是他居然就已经睡着了！我只好躺在他身边默默地流泪，后来哭着哭着睡着了。我现在非常确定，他肯定是有了别的女人了。这真的像天塌下来了一样。天哪，我真不知道我活着还有什么意义。"

我们再来看看这个男生的博客，只写了一句话：

"今天皇马居然输了，我擦，超郁闷……"

案例听完了，现在，CZ老师要正式给出第二条建议了，是给女同胞的。金星人，你们听好了，如果自己的男朋友不开心了郁闷了，心思不在你身上，别生气，别难过，要学会接受他的心不在焉，要知道，他的心被压力和事情占据，啥都不要问了，他想静静，就让他一个人去静静，千万别去问他，谁是静静？别多想，只要你不抛弃，不放弃，他会自己主动来找你的哦。

差异三: 女人表达感觉，男人表达事实

男女之间除了思维模式的差异、对压力处理的差异之外，语言表达的模式也有巨大的差异。女人喜欢表达感觉，而男人则喜欢表达事实。因为这种说话方式的差异，往往会带来很多误会和抱怨。比如：

女人说："我觉得你从来都没有在听我说话！"男人的回答是："可我现在就在听你说话啊，我没看手机啊。"

女人说："家里怎么老是乱七八糟的？"男人的回答是："这不怪我啊，我每天上班那么辛苦，你怎么不把家里弄干净点？"

女人说："你根本就不爱我！"男人的回答是："我不爱你？昨天不是刚给你买了 LV 的包包吗？你又想买啥？"

你看，女人说话，总是用最强烈的措辞，来表达她们的感觉。而男人却当真了，于是两个人就产生了误会和矛盾。让我们简单翻译一下女人的语言，让男人能听懂一些吧！

女人说："你从来都没有在听我说话！"其实是想说："你没有理解我刚才那句话的意思，你再和我聊一下好吗？"

女人说："家里怎么老是乱七八糟的？"其实是想说："我最近家务做得有点累，今天想歇一下，你能不能帮我分担一点？"

女人说："你根本就不爱我！"其实是想说："我今天不知道怎么了，缺乏安全感，感觉心里难受，你能不能多说几次'你爱我'这三个字给我听？"

在这里，男人要学会听懂女人的语言，就会避免很多冲突，当然，女人如果能偶尔自己把感受翻译成事实，让男人知道该怎么做，也许他会对你更好哦。

总结一下：一是女人要倾听，不要解决方案；二是男人想静静，真的是要静静；三是女人表达感觉，男人表达事实。了解了这三条差异后，CZ 老师最后用男女不同的 12 种感情需求，来补充一下：

女人需要的是：关心、了解、尊重、忠诚、认同、安慰。

男人需要的是：信任、接受、感激、赞美、肯定、鼓励。

了解男女之间的差异，知道男人来自火星，女人来自金星，你就可以避免生活中和异性沟通的大多数问题，让生活更美好，让爱情四季如春。

> 来自不同星球的两性注定有矛盾和冲突，认清差异才能求同存异。

31

挖掘需求，
谈判才能占据主动

不管在哪里，谈判是两个人或者组织为了一件事而进行协商的过程。小到买房子，大到两家公司的合并，双方都试图达成一个互利的决定。但是在谈判开始的时候，如果没有了解对方的需求就盲目行事，那么结果肯定是不得善终。

Jack好不容易约到了一个心仪已久的女孩Michelle一起吃晚餐，他花了一个礼拜的时间精心选择了一家高档的西餐厅。周六的晚上，Jack提前一个小时来到了餐厅，精心选好了菜品，焦急而欣喜地等待着心仪的女孩，只要她来了就可以立刻上菜。终于，一条白色的长裙出现在了Jack面前，Michelle像一位女神一样朝Jack款款走来，仙气十足。Michelle坐了下来。

Jack："Michelle，你今晚太美了！"

Michelle："谢谢你邀请我，Jack。"

Jack："我为你点了这家餐厅最好的牛排，是日本最高级的和牛，非常好吃。服务员，麻烦上菜！"

Michelle："可是Jack，不好意思，你可能不知道，我是素食主义者，不吃肉的。"

Jack："啊？这个我还真不知道，可是，那，好吧。那服务员先不要上牛排了，把葡萄酒拿上来吧，谢谢。Michelle，这家餐厅有82年的拉菲，我为你开了一瓶。"

Michelle："Jack，可能你不清楚，我是不可以喝酒的，这和我的宗教信仰有关，真的不好意思。"

Jack："这……那,你看你吃点什么喝点什么好呢?"

Michelle："服务员,给我来一份蔬菜色拉就好了,谢谢。"

Jack看着面前的女神Michelle吃着蔬菜色拉,看着自己面前的日本和牛牛排,以及手边那瓶82年的拉菲,吃也不好,不吃也不好,场面真的好尴尬。

你看,永远不要假设别人的想法和你是一样的。行动之前,不能只考虑自己的需要。要试图了解对方的想法。在Jack约Michelle出去吃饭之前,就应该问清楚,她喜欢吃什么。而不是他觉得哪个餐厅最浪漫就带人家去了,结果可能弄巧成拙。如果提前知道这个女孩是素食主义者,又不喝酒,就可以选择一个上乘的精致素菜馆,同样也是有格调又浪漫。选择了一个女孩不喜欢的餐厅,女孩心里已经预先抵触了,又哪来的浪漫呢?

有人可能会说,CZ老师,这是约会,风花雪月,和职场不是一回事儿。可CZ老师要告诉你,其实,还真就是一回事儿。不要以为自己知道别人的想法,而做出理所当然的假设,要主动问对方她的需求是什么。了解对方的需求,才有利于达到自己的目的。

所以说,**谈判要想掌握主动,首先要做到的,就是要挖掘对方的需求。**

现在让我们回到工作的场景,聊聊工作中的谈判。

在工作场合中,我们常常看到这样的情况,就是谈判的一方不愿意去认真倾听对方的需求,而是自己在不断地打断对方,不断地插话来反驳对方。我们来看一个案例。

Michael是公司的IT经理,最近因为公司的系统运行慢,数据总是出错,屡次被其他部门投诉,所以决定对公司的IT系统进行整体的升级更新。而市场部经理Mary却不愿意接受这个改变。于是,双方尝试通过开会沟通来解决,我们去看一看现场的情况。

Mary："你看,我们现有的系统使用得很好,可以服务整个公司。所以我看,应该使用我们这种方法,不能随便改动。"

Michael："我不同意,现行系统虽然使用效果或许不错,但是它缺乏我们要的文件规则和存储功能。最近出现的一些数据存储错误的问题,导致我们IT部门老是被投诉！"

Mary："但是其他系统没有我们需要的文件编辑功能。你要是升级了，我们市场部怎么办？"

Michael："你不能只想着自己部门，我们要为所有的员工来考虑，不只是你们部门。知道吗？"

Mary："我觉得我们谈不下去了，总之，我们部门坚决反对这次系统更新。"

Michael："反正不管你接不接受，这次系统更新一定要执行，到时候你看着办吧。"

你看，无论Mary说什么，Michael总是恶狠狠地反驳Mary，认为Mary没有考虑大局，太自私。Mary实在无法跟Michael好好继续聊天了，因为Michael情绪太激动了，搞得Mary也很激动。

这样的场景大家是不是也很熟悉？在工作场合中，不同的部门由于需求不同，出发点不同，所以当公司有一个决策涉及不同部门时，双方就会经常吵得不可开交，谁都不愿意让步。

我们看Michael的需求，无非就是希望公司的IT系统能够升级更新，避免老问题出现，给其他部门带来麻烦，而Mary强烈反对的理由是，升级后的系统无法满足她现有的要求，于是双方就卡在这个点上了。你觉得，Michael在认真地倾听Mary的意见吗？还是一味地发泄情绪，而不是解决问题呢？

所以我们说，谈判首先就是要挖掘对方的需求。为了谈判成功，不要太着急地表明自己的态度和立场。欲擒故纵，可以给对方一点时间和空间去谈自己的想法。先不要着急，积极地倾听对方，让对方知道他/她的观点已经得到理解和严肃对待。否则，你无法解决分歧。积极倾听的第一步，就是向对方表示，你非常理解他/她的感受。积极地倾听对方，让对方看到你真的愿意去了解他/她的感受。如果你认真倾听对方，他/她也会更容易关注你的观点，并且认真加以对待。

那么，如何才能更好地挖掘出对方的需求呢？　CZ老师给大家分享挖掘需求的三步骤：**提问**、**重复**、**肯定**。

谈判开始的时候,不要着急表达自己的观点,多用提问的方式,鼓励对方说出更多的观点。并且可以重复对方的观点,表示你在听。还要去肯定对方的观点,表示你认同。让我们看看Michael用了挖掘需求三步骤策略和Mary谈判,有什么不一样的效果。

Mary:"你看,我们现有的系统使用很好,可以服务整个公司。所以我看,应该使用我们这种方法,不能随便改动。"

Michael:"所以,你对现有的系统很满意,对吗?"

Mary:"是的,我们都已经习惯了,觉得非常好用,没有什么问题。"

Michael:"那你觉得它好用,主要原因是什么呢?"

Mary:"因为这个软件对每个使用者来说都非常容易上手。文件编辑起来很快。你知道的,我们市场部每天有那么多邮件要处理,各种文件整合的工作很多,需要强大又简单的文件编辑功能,一旦适应了现在的系统,很难改变。"

Michael:"嗯,非常理解。还有呢?"

Mary:"还有就是我们刚刚招了一批员工,进行了四个月的培训和考核,好不容易适应了现在的系统,不想又因为改变,再浪费几个月的时间去培训,这样我们市场部的工作效率会大大降低,你知道,客户是不能拖不能等的,不然客户就会取消订单,对整个公司的业绩都会有很大的影响,你说是吧?"

Michael:"我同意你的看法。所以,你不愿意更新系统,主要的原因就是怕员工无法在短时间内适应新系统,会影响你们市场部的工作效率,对吗?"

Mary:"没错。"

Michael:"嗯,我觉得你说的很有道理。"

这就是谈判中挖掘需求,欲擒故纵的方法。倾听对方的需求,并且表现出你很理解对方。因为只有这样,你才能知道对方在这场谈判中,到底要的是什么,你才能知道自己给对方什么,对方才更愿意接受。我们继续来看Michael和Mary的谈判案例。

Michael："Mary，所以你担心的是，更换系统会导致员工的反感，对吗？怕他们没法再一次适应新系统，延迟了你们的工作进度，是不是这样？"

Mary："嗯，没错。"

Michael："显然你这个想法很重要，所以，无论我们如何更新系统，你都希望使用者要容易上手，编辑速度快，界面也不要做太大的改变。"

Mary："嗯，我想是的。我们希望新系统可以提高我们的工作效率，而不是降低我们的工作效率。"

Michael："嗯，那Mary，如果我跟你保证，系统更新后，不仅不会降低工作效率，而且会大大地提升效率，你觉得这样你可以接受吗？"

Mary："为什么？可是大家又要花四个月去学习新系统，我们可没这闲工夫。"

Michael："是这样的Mary，旧系统更新后呢，其实跟原来的界面差别不大，甚至大部分都是一样的，没有区别，相信对于你的同事们来说不是一个难事儿。稍微有发生变化的部分，我们IT部门会派出足够的人手，帮助你们部门每一个人轻松上手，你看这样可以吗？"

Mary："这样啊。那大概需要多长时间上手？"

Michael："我保证，两个礼拜，他们就可以应用自如了。"

Mary："这么快，你能保证？"

Michael："哎呀，我这个IT经理的话你都不信，以后我们IT部门如何在公司立足？"

Mary："哎，好吧好吧，我就相信你一次，不过这次过后可不要再出什么幺蛾子了，我可不要再换系统了啊。"

Michael："没问题，放心吧，谢谢Mary的理解，那就先这样，我们稍后再沟通升级的细节。"

Mary："好，辛苦了，Michael。"

Michael："应该的，这是我的工作，不是吗？"

Bingo，谈判成功。通过详细地倾听Mary的需求，Michael就能理解Mary不愿意换系统的主要原因，她就是怕系统更新后，自己部门的员工不能及时适应，从而耽误了工作进度："我们希望新系统可以提高我们的工作效率，而不是降低我们的工作效率。"

而这个担心，Michael 是可以帮忙解决的："我们 IT 部门，会派出足够的人手，帮助你们部门每一个人轻松上手，你看这样可以吗？"这正好在 Michael 的能力范围之内，也是达成谈判的底线。所以 Mary 终于愿意 Say yes，谈判就成功了。

好了，总结一下，挖掘需求三步骤：提问、重复、肯定，最后再顺着对方的思路，说出自己的观点，这样在谈判中才能占据主动，更有力地说服对方。当然，在职场中，往往对方的要求是突破自己的底线，无法全盘接受的，那又该怎么办呢？你可能会说，底线就是底线，绝对不能突破。但是即使是谈判底线，是不是也包含可以灵活处理的地方呢？我们又该如何应对呢？让我们下一章继续。

> 谈判的前提是倾听对方的需求，寻找双方的利益交叉点。

32

商务谈判，
底线之上留有余地

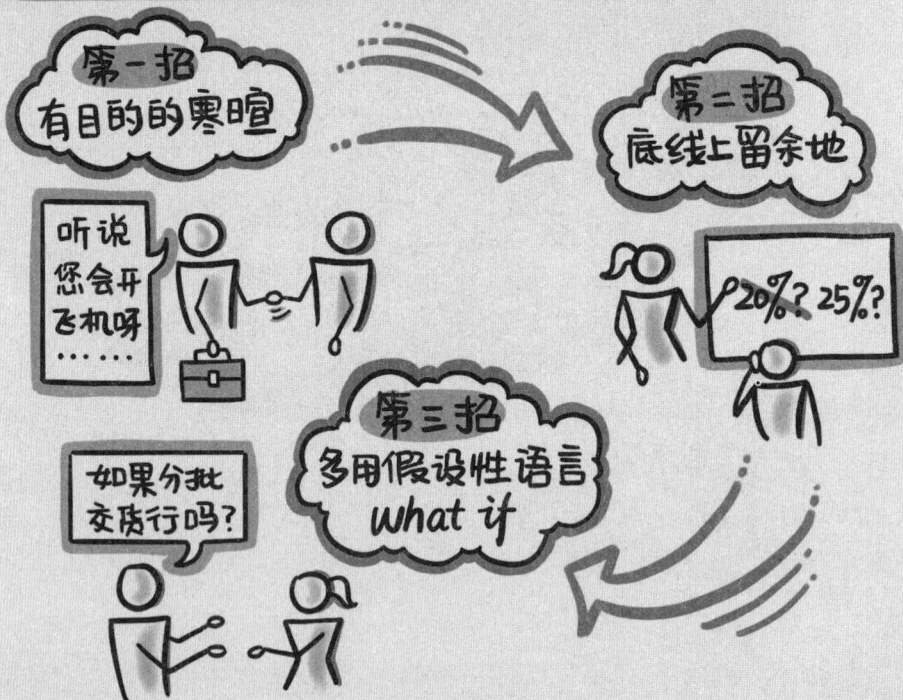

三国时期，赤壁之战前夕，曹操得到了蔡瑁、张允两名水师大将帮他操练80万水军，准备一举击溃孙权。曹操的谋士蒋干，主动提出要去东吴劝降他旧时的同窗好友，大都督周瑜。曹操一想挺好啊，去试试呗。蒋干过江，拜访周瑜的大营，周瑜热情款待，两人共叙当年同窗之情，彻夜长谈，喝得酩酊大醉，周瑜还让蒋干在他的都督大帐里同床而眠。半夜里，忽然有人要见周瑜，周瑜起身和来人小声谈话，蒋干假装睡着，听得周瑜和来人谈到了蔡瑁、张允这两位曹操的水师提督，来人走后，周瑜又倒下呼呼大睡。蒋干偷偷起来，在周瑜的桌上看到一封信，打开一看，竟然是蔡瑁、张允写的，约定与周瑜里应外合，击败曹操！蒋干大惊，连夜溜出周瑜大帐，赶回河对岸的曹营禀告曹操。曹操生性多疑，一看到信，大怒，两个叛徒！立刻命人将蔡瑁、张允拖出去斩首。等到冷静下来，曹操一想，咦，不对呀，周瑜怎么会那么不小心让蒋干看到这么重要的信呢？糟糕，中计了！哎，可惜已经来不及了。

谈判，就是一场双方的"尔虞我诈"。曹操想利用蒋干去和周瑜谈判，说服周瑜归降，哪料到被周瑜一招反间计而错杀重臣，最后直接导致了赤壁之战的失败。历史是一面镜子，总是会教会我们很多东西。如今虽然没有了打打杀杀的现场，但商场如战场，谈判双方往往都想让自己的利益最大化，所以要时刻紧盯着各种可能的风险。

下面CZ老师教大家三招，帮你更好地应对商务谈判。

第一招：有目的的寒暄

谈判前的寒暄，有利于营造友好和谐的谈判气氛。谈判者主动与对方打招呼，就等于在向对方宣布：我坦率地打开心扉，我愿意与你建立良好的人际关系。这样做，自然很容易获得对方的好感，消除谈判双方的紧张情绪和敌对戒备心理，使得双方都能以轻松的姿态进行谈判。当然，寒暄不仅可以营造友好和谐的谈判气氛，而且也可以借助寒暄来观察对方的情绪和个性特征，优先掌握更多的信息，有利于后面的正式谈判。

日本松下电器公司创始人松下幸之助先生刚"出道"的时候，就曾被对手以寒暄的方式探测到了自己的底细，因而使自己产品的销售大受损失。当他第一次到东京找批发商谈判时，刚一见面，批发商就友善地与他寒暄说："我们是第一次打交道吧？以前我好像没见过您。"松下先生缺乏经验，不知道对方的寒暄带着目的性，坦诚恭敬地回答说："我是第一次来东京，什么都不懂，请多多关照。"正是这番极为平常的寒暄答复，却使批发商获得了重要的信息：原来对方只是一个新手。批发商接着问："你打算以什么价格出卖你的产品？"松下又如实地告知对方："我的产品每件成本是20元，我准备卖25元。"这两次对话让批发商了解到松下幸之助在东京人生地不熟，又急于要为产品打开销路，因此趁机杀价："你首次来东京做生意，刚开始应该卖得更便宜些，每件20元如何？"没有经验的松下先生就在这次交易中吃了亏。究其原因，是那位老练的批发商通过表面上的寒暄探测到对方的虚实，在谈判中赢得了主动。

从这个案例中，我们看到初出道没有经验的松下幸之助先生，以为对方是在跟自己随意友好地寒暄，结果却被刺探了信息，暴露了自身的底细，从而导致了被动与失利。正如三国时期的蒋干，被周瑜热情的寒暄所迷惑，以为周瑜对他完全信任，结果反被利用而导致曹操错杀重臣。

但是，反过来，如果你能学习周瑜，借助谈判前的寒暄机会，来了解对方的真实情况，将有助于你判断对手的实力，为成功的谈判提前拿到更多筹码。如果你在和对方寒暄的过程中，了解到对方感兴趣的话题，或者心头所好，那么，当你就这个话题展开时，就很容易引起对方的兴趣。

被美国人誉为"销售权威"的霍伊拉先生，就很善于这样做。有一次他去梅西百货公司拉广告，了解到这个公司的总经理会驾驶飞机，于是，他在和这位总经理见面时，便很随意地说了一句："您在哪儿学会驾驶飞机的呀？"一句话，触发了总经理的兴致，竟然滔滔不绝地讲起他学飞机的故事来，谈判气氛显得轻松愉快，结果不但广告生意有了着落，霍伊拉先生还被邀请去乘了总经理的专机，和他交上了朋友。

所以，要充分利用好正式谈判之前的"寒暄"，这是一把双刃剑，用得好，就能为谈判奠定良好的氛围，同时获取对方更多的信息，用得不好，就反而会被对方"刺探军情"，泄露了"军机"！

第二招：底线上留有余地

在上一章里，我们谈到了如何去挖掘谈判中对方的需求，要认真倾听，不要着急表达自己的观点，通过提问，肯定对方，来找到对方的需求。但是，在职场中，如果对方的要求是突破自己的底线，那又该怎么办呢？你可能会说，底线就是底线，绝对不能突破。但是底线中也包含着可变的因素。为了保持灵活性，首先必须明确自己的底线，然后在谈判中给自己留有余地，找出其中的可变因素。

让我们再次回到上一章，Jack 和 Michelle 第一次约会吃饭的场景吧。Jack不知道 Michelle 吃素，也不知道她不能喝酒。结果就是，Michelle 吃着一份素菜色拉，而 Jack 低头吃着牛排，喝着82年的拉菲。终于这顿尴尬的饭吃完了。当 Jack 叫服务员来买单时，发生了这样的对话：

Michelle："Jack，我们今天这顿饭 AA 制吧。"

Jack："啥？ AA制？？别搞笑啦，我什么时候跟女孩吃饭 AA 的，肯定是我付。"

Michelle："不是的，Jack，你听我说，这是我的原则，我不随便让别人请客的，咱俩第一次见面，AA 制比较好。"

Jack："你太跟我见外了吧，我邀请你吃饭的，肯定是我请客。再说你只是吃了一份蔬菜，等于什么也没吃啊！"

Michelle："不是的，Jack，真的，这是我的原则，第一次吃饭必须AA，请你尊重我的原则。"

Jack："Michelle，你这是不给我面子啊？"

Michelle："不不不，Jack你误会了。这真的是我的原则，请你理解。"

说完，Michelle拿出了自己的信用卡给了服务生，Jack尴尬地看着服务生脸上诡异的笑容，说不出话来了。

好了，Jack和Michelle的第一次约会算是彻底失败了。这次让我们从Michelle的角度出发来思考一下。Michelle觉得呢，应该AA制，因为她虽然外表斯文柔弱，喜欢吃素，但她却有着女汉子的心，第一次见面就被男生请客，多没地位，以后是不是说话都得低一个调，看别人脸色？所以Michelle一再坚持，AA制是她的原则，不能打破，不能改变。这却让Jack觉得莫名其妙，甚至有点生气，觉得不让自己请客是看不起自己。好好的一顿饭搞得气氛非常尴尬。下一次约会恐怕是没戏了。

这其实跟我们在商务谈判中的道理是一样的，坚持自己的底线，就有可能会和对方的底线发生冲突。如果只是纯粹地一再坚持和强调的话，那么这谈判肯定是没法继续了。这个时候，如果还想继续谈判的话，就要寻求底线基础上的灵活性。

其实，Jack完全可以这样说。

Michelle："Jack，AA制是我的原则，请你理解。"

Jack："嗯，好吧，Michelle，既然你这么坚持，我觉得我可以理解。这样吧，你只吃了蔬菜色拉，而我享用了牛排红酒，那你就付蔬菜色拉的钱好了。虽然我从来不让女孩子买单，但这次就破个例，谁让你是那么迷人而又有说服力的一位女士呢，不过下一次，你带我去吃素菜馆，我买单，你看怎么样？"

Michelle："你这个人还真有点意思，好吧，这次就不纠结了，那下次我来选餐厅哦。"

Jack："好，那就说定哦，你选餐厅，我买单。"

Michelle："好，没问题。服务员！"

好了，你看，即使是谈判底线，其中肯定也包含可以灵活处理的地方。所以，如果触及底线的，那么就给双方留点余地，找出底线中的可变因素。

让我们再来看个职场的案例。

某咨询公司的CEO Michael约了他手下的明星销售Jack到他办公室聊一下。Jack刚刚提出了辞职，可是Jack手上有占了公司20%以上销售额的大客户。Michael显然并不想让Jack带走公司那么多的客户资源，这无异于对公司利益的直接损害。

这场谈判开始后没几分钟，Michael无声地在白板上写上一个百分比，并且告诉Jack："这是我的底线，如果你留下来，佣金比例就帮你提高到这个数字。"Jack瞥了一眼，很明显，这个数字离自己的心理预期还是非常远，于是他生硬地说："我无法接受。"Michael的脸涨红了："看起来我们没什么好谈的了。只要你违反了竞业限制协议一丁点，我们就会起诉你。"

生硬的话语，不悦的情绪，很明显，这场谈判以失败告终。Michael想留下Jack，也做出了让步，提高了佣金比例。Jack看了这个数字不满意很正常，这才是谈判嘛，Michael一下子就说是底线，那就真的没法谈了。如果Michael能留有余地，那么Jack可能还会继续谈下去："嗯，这个数字可能还是太低了。我希望的佣金比例，是这样的。"这样的话，Michael也还有挽回Jack的机会，还有台阶下。保持灵活性，明确底线，但留有余地，找出可变因素，给谈判僵局找一条出路。

当然，除了给自己的底线留有余地之外，怎样的说话方式能更好地让谈判继续下去呢？那就要用到我们下面一招来应对了。

第三招：多用假设性语言What if

CZ老师在一家500强公司就职产品经理的时候，曾经遇到过这样一个真实的案例。美国总部的一位销售经理Emily找到我，说一个重要的客户3周内需要我们提供一批1 000片样品。时间很紧，但是CZ老师还是很配合地督促生产部做到了。第二次,Emily又来了,有一个更重要的大客户,要在2周内拿到2 000片样品。难度很大,CZ老师找到生产部:怎么样,行不行? 生产部主管说:好吧,既然那么重要的客户,让他们加班加点,终于赶在交货时间前做到了。第三次,Emily又来了,这次是一个更加重要的大大大客户,要在1周之内,拿到3 000片样品。CZ老师赶紧找到生产部协商。生产部经理说:不好意思啊,上次为了给你的两批样品赶工,我们加班加点,机器也超负荷运转,现在两台机器坏了,还有3个员工调休了,这次我真没办法了,估计只能1个月交货。CZ老师赶紧回复Emily:机器坏了,人手也不够,只能1个月交货。这一次Emily急了:怎么可以这样? 之前两次不是说得好好的吗? 2周2 000片不是都做到了吗? 这次不就是再加点班吗? 有那么难吗? 重要客户丢失了你能负责吗?

CZ老师觉得自己好冤枉,前两次已经是为了她加班加点的做到了,她不但不感激,还理所当然地认为是应该的,这次还觉得是我的错,真是打掉门牙往肚里咽啊! 其实,在商务场合的谈判中,交货日期虽然确定了,但是是否所有的货都要一次交清呢? 灵活性是解决谈判当中冲突的重要手段,经过这一次,CZ老师算是学到了教训,谈判中一定要给自己留有余地,后来,这位销售经理来找我的时候,我都会用假设性语言"What if(如果……怎样……)"来和她沟通。

比如,Emily说:有个重要的客户,需要在2周之内交2 000片样品。我会先回复Emily:上次给过他们1 000片样品,客户可能有一定的库存,而且也不会一下子要用2 000片那么多,你和客户沟通下,What if,如果我们3周交货,你问问来得及吗? What if,如果2周内先交1 000片,2周后再交1 000片,行吗? Emily和客户沟通了,原来客户只要3周内能先给1 000片,就能暂时满足他们的生产需求。好了,我们放心了,3周内,我们给客户提前做完了所有2 000片样品,客户很满意,Emily也很感谢我。

所以说,商务谈判,三招,有目的的寒暄,底线上留有余地,多用假设性语言What if,你也可以成为谈判高手。

只要不触及底线,一切都好说。

口才
出陈璋

学会套路，
分分钟搞定投资人

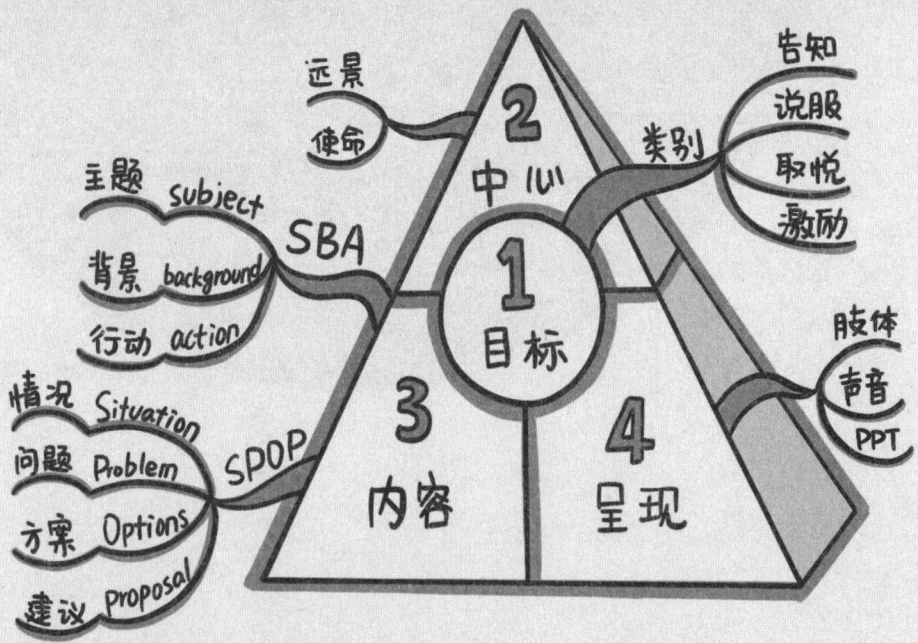

> 创业宣讲很重要，拿到投资是目标
> 金字塔里没疏漏，两种套路参悟透

2006年，中央电视台创办了一个电视节目叫《赢在中国》。节目组请来了很多正在创业的年轻人上台PK自己的项目，也请到了如日中天的企业家和投资人来担任评委。2006年7月18日，从海选一路过关斩将的16名选手进行了一场16进12的比赛，他们的主评委是马云。在这场比赛中，每一位真实的创业者，带着他真实的创业项目，来到这个舞台上，每个人只有2分钟的时间做宣讲，目的很简单，就是要说服台下的投资人投资。短短2分钟时间，要想把一个复杂的项目说清楚，并且得到投资人的认可，连CZ老师都觉得非常非常难。

现在，让我们来到现场，一起来思考下，这两位演讲者有什么差别？如果你是马云，你又会投给谁呢？

先来看看第一位创业者是怎么说的：

"大家好，我的创业项目是一款叫文语通的掌上电脑，它是用于解决聋哑人听说障碍的文字和语音相互转换的电子工具。我现在是利用目前最先进的手写识别、语音合成、语音识别技术和个人掌上电脑软硬件进行系统集成和硬件集成以后，生产一个叫文语通的掌上电脑。它能够迅速将正常人的讲话转成文字，让聋哑人知道正常人在讲什么。同时它能够让聋哑人将他所要表达的意思通过手写转成声音告诉正常人。这样就构建了一个聋哑人和正常人相互交流的一个信息平台。

"据我们了解和检索，目前这是国内第一款解决聋哑人听说障碍的产品，属于我们自主的知识产权。

"在市场这块，根据中国残联的数据统计，目前，我国有2 057万聋哑人口，并且每年以3万人的速度递增，这是一个非常庞大的弱势群体。为这群弱势群体提供服务的市场需求是非常非常庞大的。我们愿意去做这个市场并为他们努力。

"同时我们这款产品可以移植到其他残疾人身上，比如说盲人的口语命令系统……"（此刻，他被主持人打断了，告知时间已到。）

再来看看第二位创业者说了什么：

"大家好，我的项目是同程旅游网，我的目标是把同程旅游网做成中国乃至世界上最大的旅游超市，让所有的旅游者和旅游供应商能够直接在这个平台上进行交流和交易，来减少双方的交易成本。关于这个项目，我想用下面四个问题来进行说明。

"第一个问题，为什么能赚钱？

"很简单，因为我们已经帮助客户赚到了钱。在我们这个平台上面有上万家旅游企业，很多旅游企业都通过这个平台找到了自己的合作伙伴，所以现在我们的收费会员有接近4 000家。

"第二个问题，能赚多少钱？

"2004年，我们网站的营收是30万元；2005年，我们网站的营收是300万元，今年我们的目标是800万～1 000万元，目前已经完成了50%。我想如果有VC介入的话，我们的目标是到2008年做到一个亿。

"第三个问题，为什么是我们？

"最重要的原因是我们的团队对旅游行业的热爱，还有就是团队的人。团队当中的四个人，三个是我的大学同学，一个是任课老师，我们已经相识有12年了。而且在这三年里我们已经建立了一定的进入障碍和壁垒，也建立了品牌忠诚度。

"最后一个问题，能赚多长时间？

"2005年中国旅游业的总收入是7 600亿元人民币，每年将近以10%的速度增加，到2020年的时候，整个中国的旅游收入达到2.5万亿元人民币，

这是一个非常巨大的市场，也是一个值得我和我的团队用一辈子的时间去做的一件事情，谢谢！"（提前6秒结束）

好了，看完了两位创业者的演讲，你感觉如何？如果你是马云，你会投给谁呢？ CZ老师如果是投资人，我会选第二个：同程旅游网。为什么呢？因为第二个演讲者，用短短2分钟时间，重点突出，结构清晰，语言流畅，深深地抓住了投资人的心。他讲的四个问题，每一个都是投资人想知道的：第一，为什么能赚钱；第二，能赚多少钱；第三，为什么是我们；第四，能赚多长时间。通过这四个问题，自问自答，如此清晰的结构，完美地解决了投资人可能存在的疑惑。

相反，第一位出场的演讲者，文字通掌上电脑的CEO，虽然他也提到了很多与聋哑人相关的数据和市场的前景，但是他花了大量篇幅描述自己的产品和技术，他搞错了，面前的对象，根本不想听产品的技术和使用方法，只想知道这个项目会怎么运作，如何帮助投资人赚到钱。

第二位演讲者，最终获得了这场比赛的胜利，获得了马云的青睐。

除了以上简单的对比分析，今天，CZ老师要用一个非常重要的商务演讲金字塔的分析工具，用标准来判断怎样才是一个好的演讲，最后再来帮助你详细分析这两个演讲还有什么差异，你就会明白，为什么投资人会选择同程旅游网了。

商务演讲金字塔分为四个要素。首先，金字塔核心是：

Target——目标

任何一个演讲，都应该有一个极为清晰的目标。通常来说，我们把演讲的目标分为4大类别，分别是：告知、说服、取悦和激励。

第一种，告知。简单来说，就是信息的传递，让听众知道。平时我们用得最多的场合，就是产品演示、工作汇报，还有员工培训。

第二种，说服。就是要让你的听众听了你的话以后，认可。简单来说，就是愿意产生改变。所以我们职场中,销售、谈判、项目提案,都是属于这个类别。

第三种,取悦。简单来说,就是让听众听了以后开心快乐。这个类别其实我们在电视里看得最多。比如,最近特别火的《奇葩说》《金星秀》《80后脱口秀》《晓松奇谈》《罗辑思维》等,这些节目要么让人听了哈哈大笑,要么让人听了非常愉悦,总之,就是要让你开心。当然,职场上也可以适当地使用,比如说,给领导汇报工作的时候,适当地拍拍领导马屁,那么你的报告就更容易得到领导的认可了。

第四种,激励。通常在开业典礼、年会、尾牙、团队年度会议等场合,作为一个leader,必须要想办法去提高士气,让你的团队成员愿意更好地跟着你一起干。

了解了这四种不同的演讲目标以后,面对任何一个演讲,你都可以去判断,演讲者有没有准确分析他的听众和目的,是否会达到他应该有的效果了。比如,刚才那两个创业者的演讲,显然,目标应该是第二种:说服。因为你只有2分钟时间,必须用最快的速度,说服投资人投资。同程旅游网的说服做得很到位,而第一位文宇通的CEO,他的目标变成了第一种,告知,通篇都是讲他的产品介绍,忽略了投资人的真正需求,所以,从一开始就注定他要失败了。

所以说,演讲的时候一定要清楚地知道自己的目标,自己的听众是什么人,才能打动他们。

商务演讲金字塔的第二要素,金字塔的尖顶就是:

Message——中心

任何一个演讲有了清晰的目标以后,就要有一个明确的中心,围绕着演讲的中心,才能有清晰的内容展开。就好比,任何一家公司,如果从本质上来说,都是为了赚钱,为了盈利。有句话不是这么说的吗,不以盈利为目的的公司都是在要流氓。公司如果不盈利，那就只能是一家非营利机构，或者慈善机构了。

但是，任何一家公司除了盈利之外，一定会有一个所谓企业的愿景和使命。没有一家企业会打出口号说，我们的目标是：赚好多钱。企业必须有一个高大上的message在那里。

比如，马云常说，阿里巴巴的愿景是：让天下没有难做的生意；而华为的愿景是：构建更美好的全联接世界；微软公司的使命是：予力全球每一人、每一个组织成就不凡。

同样地，在刚才的案例里，作为同程旅游网的CEO，他在演讲的最开始，是这么说的："我的目标是把同程旅游网做成中国乃至世界上最大的旅游超市。"这就是同程的愿景和使命。这个清晰的中心，相信一定能给所有的听众和投资人一种憧憬，更愿意去投资。相反，文字通的CEO，并没有很清晰地跟投资人说明，他的项目到底是为聋哑人做公益呢，还是能赚到很多钱。于是，被淘汰也是不可避免了。

商务演讲金字塔的第三要素，金字塔的左侧基座就是：

Content——内容

一开始，我们就已经清晰地讲到了，同程旅游网能获胜，主要就是归结于创业者清晰的内容逻辑。四个清晰的问题，自问自答，结构极其简单而高效。后来，这个演讲套路被很多的创业者奉为经典。而且，投资人也一样，要想融资，别的先不说，先把这四个问题说清楚：为什么能赚钱？能赚多少钱？为什么是我们？能赚多长时间？

好的内容结构真的可以帮到你。在这里，CZ老师再给大家几个结构套路，帮助你在职场上的不同场合下，能更好地演讲。

第一种结构：SBA结构。

假设你跟团队开会，要推进一个项目，你该用什么方法呢？如何让你的项目得到大家的执行呢？这里我们就要跟柴静学习了。央视著名的记者柴静，

2014年在《穹顶之下》这部震惊中外的纪录片的开场中是这么说的："今天我就要跟大家来谈三个问题：第一，雾霾是什么？第二，它从哪里来？第三，我们怎么办？"

柴静用的这个结构，就是SBA结构。S，Subject；B，Background；A，Action。

首先抛出主题，Subject，雾霾是什么；其次是背景Background，它从哪里来；最后是行动Action，我们要怎么办。柴静的演讲结构简洁明了。你在项目推动的时候，完全可以按照这个简单的结构来演讲：首先，这个项目是什么；其次，为什么要推动这个项目；最后，我们每个人应该要具体做什么。

第二种结构：SPOP结构。

SPOP分别指的是Situation，Problem，Options，Proposal。情况、问题、方案、建议。你的项目和产品，可能会遇到问题需要解决，在开会提出方案的时候，就可以用到这个结构。

比如，你遇到了一个客户投诉，说你们的产品质量有问题，经过研究，你们来到客户这边，准备跟客户呈现你们的改进方案。你可以这么说：

S：针对之前各位经理说我们产品质量不稳定的问题，我们花了两天时间，质量部和产品部进行了充分的调查，今天已经找到了问题所在，特来向各位经理说明一下。

P：质量不稳定主要是因为我们在生产环节当中，有一个环节没有控制好杂质的量，这个问题是可以解决的。

O：我们提出了三个可选改进方案……。

P：我们的建议是，贵公司如果采用第三个方案，既降低了成本，也可以让改进计划迅速执行，这样双方都不影响后期的进度。

接下来请各位经理畅所欲言，谢谢！

怎么样，这样的结构，既简单，又全面而准确地说明了问题，解决了问题，也能让客户很快认可你的解决方案。所以说，演讲当中需要有清晰的内容架构，像连环计一样，一环扣一环，让听众被你搞定。

商务演讲金字塔的第四要素，金字塔的右侧基座就是：

Delivery——呈现

好的内容，需要有好的表现形式，才能更容易得到观众的认可。在之前的章节中，我们谈到了沟通的3V原则，我们也花了很多篇幅讨论肢体语言、声音、PPT等技巧在演讲中的作用。如果有机会你可以去网上搜索《赢在中国》的这两个演讲视频，在视频中，同程旅游网的CEO说话气场很足，语速适中，语调抑扬顿挫，表情也是面带微笑，看上去很自信，很有说服力。

而文宇通的CEO，除了普通话不太标准之外，给人感觉语速很快，有很多重复累赘和啰唆的部分，表情也太过严肃，动作也比较僵硬，而且到最后没有讲完，被主持人打断了，说明他真的准备得非常的不充分。如果你是马云，你是不是也会觉得，如果一个创业者连一个演讲都掌控不好，那我怎么相信他能管好一个项目，做大一个公司呢？

而且，同程旅游网的CEO还在演讲结尾的时候，激情澎湃地说："这个项目是值得我和我的团队，用一辈子的时间去做的一件事，谢谢！"一下子把一个说服型的演讲，上升到了激励的层面，这不就是投资人们想要的创业家吗？

总结一下，商务演讲的金字塔：目标、中心、内容、呈现。从这四个要素入手，以后你听一个演讲、看一个演讲就有标准可依了，你也可以成为一个分析演讲的高手，从别人的演讲中，学到更多的技巧，学会套路，分分钟搞定你的投资人。

> 虽然套路好用，但是准备翔实的内容，充分的论据，同样重要。

34

见面10秒，
面试官就能看透你

> 见面十秒需谨慎，穿着打扮要合适
> 根据场合求认同，眼神交流赢信任

10多年前，CZ老师在上研究生的时候，有一年暑假，我报名了北京的新东方。不是那个厨师学校！是俞敏洪老师开的新东方英语学校。当时还是个穷学生，没钱住酒店，于是我就蹭住在我一个北大老乡的宿舍里，每天早出晚归去念新东方。

有一天傍晚，天非常热，我一回到宿舍，把衣服一脱，只穿了条裤衩来到外面的水房，打了一大脸盆凉水把身上都浇湿了，湿漉漉的好凉爽。我双手叉着腰，穿了一条裤衩，站在宿舍的大门口吹风。正当我闭着眼睛享受清凉的时候，突然，我感觉到眼前掠过一道巨大的黑影。不一会儿，这道黑影又掠了回来，挡在了我的面前。我睁开眼睛一看，你们猜，谁来了？没错，管宿舍的老大爷突然出现在我的面前，眼睛直勾勾地看着我。天呐，天呐，当时我手叉着腰，只穿着一条裤衩，身上都是湿的，站在宿舍大门口，你们可以想象一下这个造型。老大爷上下打量了我一番，然后，他开口了。他对我说："你们宿舍，有没有外面来蹭住的？"

我说："没，没有啊！"

他又上下打量了我一番，说："如果有蹭住的，你一定要来告诉我！"

我说："哦，好，好，没问题。"

这下麻烦了，老大爷认识我了！我每次出宿舍的时候，没办法，只能硬着头皮跟大爷打招呼："大爷我上课去了！""大爷我下课了！"大爷每次也都很热情地回应我："去吧去吧，上课真辛苦啊。"

在北大住了40天后，我的新东方课程终于全部结束了，那天晚上就要去赶回上海的火车。我拉着箱子，走出宿舍大门口，看到门房里，大爷正在看电视。

我很想跟大爷道个别,感谢他没有把我这个蹭住的抓出来,但还是没好意思开口。大爷,再见!

故事讲到这里,请你思考一个问题,为什么老大爷没有怀疑我呢? 我们事后诸葛亮一下来想一想,如果老大爷第一眼看见我就怀疑我的话,他的第一句话可能会这么问:"你是哪个专业的? 你是哪个宿舍的? 叫什么名字? "可是大爷并没有这么问。他问的是:"你们宿舍,有没有外面来蹭住的? "从这句话,我们可以判断,大爷打量了我一番之后,看我叉着腰穿着裤衩站在大门口的这副样子,就认定:"嗯,看这个家伙这副德行,肯定是这个宿舍的。"

这是一个真实的故事。从这个案例可以看到,**人和人之间在沟通的时候,对一个人做判断,可能只需要 10 秒钟**,在忙碌的现代社会,很少有人愿意花更多时间去深入了解给他第一印象不好的人,往往 10 秒钟就盖棺定论了。**心理学上称为"首因效应"**。大部分人对别人的判断都来源于第一印象,几乎后面也不会改变了。也就意味着,如果你去参加一个面试,刚进房间,面试官只要 10 秒钟,内心对你已经有一个判断了。会不会被录用可能就取决于那 10 秒。

想象一下,如果你去一家 500 强企业面试的时候,穿的是拖鞋、短裤、背心,你觉得面试官会不会接受你呢? 反过来,如果你穿着得体,面带微笑,自信不紧张,走进房间就主动和面试官打招呼,是不是面试官会对你会更加有信心一点,你的机会就更多一些呢?

好多年前有一本畅销书,名字叫《你的形象价值百万》。书里提到过这样一个案例:一个美国著名大学毕业的中国研究生,刚回国那会儿,追求独立与个性,充满了野心和抱负。最崇拜的就是比尔·盖茨和乔布斯,追随他们不拘一格的休闲穿衣风格。他觉得外表不重要,大脑才是关键。于是在国内找工作参加面试时,永远穿着牛仔裤、T恤和黑布鞋。他觉得这样的穿着最能展示他不走寻常路的创新精神与独特的才华魅力。然而,他去外企面试却一次次受挫。其实他也注意到了,每次去面试,其他人都是西装笔挺,面容干净,发型整洁,手中提着公文包,看起来就是成功者的姿态:精明能干,气势压人。而自己却显得十分"非主流",反倒像个不务正业的年轻人,不修边幅,松垮散漫。于是他终于明白了一个道理：我不是比尔·盖茨和乔布斯，他们可以随便穿，因为他们已经是世界顶级的成功人士。而我，什么都不是。

面试官对人的评估，在短暂的时间内，只能通过倾向气质和交流能力，来判断你是不是符合公司要求的人才。何况，你去看比尔·盖茨和乔布斯出席正式场合的时候，比如大学的毕业演讲，都是正装出席的。

我有一个学生，有一次跟我说，他想学习乔布斯。他说："我打算下次去见客户的时候，不穿西装，穿一个高领毛衣和牛仔裤就去。"我说："你打算这样去见客户啊？你要学乔布斯？乔布斯穿什么衣服重要吗？乔布斯，不穿都可以！"后来我告诉他，学习乔布斯你的方法错了。你以为乔布斯随随便便穿件毛衣和牛仔裤就开发布会啦？乔布斯是个极为讲究的偏执狂，据说他那件藏青色高领上衣，就是他特意飞到日本，请日本的著名时装设计大师三宅一生帮他量身定制的"战袍"。要学习乔布斯，不能只看表面，要深入思考乔布斯的演讲到底强在什么地方。

世界上只有一个比尔·盖茨，一个乔布斯，如果你还没有取得他们所取得的成就，又不是腰缠万贯的公司老板或者威震四方的社会名人，纵然你有出众的才华、不可估量的未来和巨大的潜力，都不能够用你的面试机会来冒险。成功人士都是非常注意自己的外在形象的，作为一个演讲者，同样需要注意自己的形象价值。

形象真的有这么重要吗？一个人如果不顾及形象，可能所有的人都会记得他。我之前给大家分享过一个案例。若干年前，中央电视台体育频道，有一位著名的足球节目主持人段暄。有一天晚上，在主持《天下足球》这档深夜栏目时，不知道为什么镜头往后放大了一点，平时镜头里只露出上半身，而那天晚上却露出了整个桌子底下的情况，全国的观众都看到，主持人上半身西装笔挺，下半身却只穿了一个大裤衩，还露出一条大腿。后来这个事件大家也是一笑而过。段暄作为央视主持人，并没有受到太多影响。但是你想象一下，你不是知名的节目主持人，如果是你去面试的时候犯了类似的错误，你还有机会吗？

西方有句俗语：You are what you wear.你就是你所穿的。在远古时代，服装的发明是为了御寒，遮羞是作为现代文明的标志。而在现代社会，服装是自我展示和表现成就的工具。所以成功人士们总是愿意在穿衣打扮上，下重金花时间，因为他们很清楚地知道，如果要谈成生意，获得合作的机会，自己的形象就是一张重要的名片，决定了别人能否信任自己的能力。

对男性来说，其实比较简单，正式的商务场合，不是衬衫领带，就是西装革履，没有太多花样。在这里，关于女性的职场穿着，我要特别提两句。有时候在企业里，会看到一些女性，喜欢非常性感的穿着，导致她们蹲下去拿东西时双手要捂住前胸，坐下来时双腿要紧紧并拢双手放在大腿上。可能这些姑娘们觉得这样的穿着能够充分展示自己的女性魅力，从而获得职场上的成功。但是 CZ 老师要提醒一下职业女性，**切忌以性感来博得男性领导的喜欢，并以为因此可以获得职场上的晋升**，就像《你的形象价值百万》这本书里说的："男人喜欢性感的女人，但是却不能提拔她们！"突出女性性感的服装，反而是削弱信任和职业化程度的第一杀手。

说了那么多穿着和形象，我们再深入探讨下面试中的沟通。在之前的内容中，我们谈到过沟通的 3V 法则，还记得吗？ Visual, Vocal, Verbal，分别是视觉、听觉和语言文字。眼睛看到的，Visual 这一层面的东西，占据信息传递功能的 55%，所以我们经常在几秒钟之内，根据对方的外在形象，就能判断一个人的经济条件、教育层次、社会阶层、年龄、健康状况、气质，等等。然后才是你的声音和你说话的内容。

这个 Visual 的部分，穿着只是最基本的前 10 秒钟，过了这 10 秒钟以后，不要忘了，还有很重要的部分呢。我再给大家分享一个真实案例。

我有一个朋友，也是演讲协会的一名资深会员，演讲能力很强。几年前的一天他告诉我他辞职了，最近他在面试，感觉还不错，准备跳槽。现代人见面问的第一句话就是：你辞了吗？所以我听到这个消息就恭喜他：辞得好啊，工资翻倍了吧？下礼拜记得请我吃饭啊。结果过了两个礼拜，他都没有联系我，我就微信他：喂，兄弟，怎么回事，跳槽了还不请吃饭？结果他回复我说：哎呀，这个工作没搞定。我说：怎么可能呢，你的演讲能力那么强，怎么会拿不到呢？

于是他就跟我分享了他面试的故事。当时面试的时候，一个房间里，有四个人坐成一排，同时面试他，规格很高。第一个面试官，是HR经理，之前和他电话聊过好几次，面对面也聊过好几次，很喜欢他，也算熟人了，很想快速促成他的入职。第二个面试官，是他未来的直接领导，市场部的总监，两个人也有过一次电话沟通，所以面试的时候也聊得挺愉快。第三个面试官，稍微聊了两句，好像是技术部的某个总监，不太熟悉。第四个面试官，完全不认识，而且全程表情严肃，一句话都不说。

面试完后过了两个礼拜，HR打电话给他："是这样，我个人觉得你非常优秀，特别喜欢你，也特别推荐你，本来市场总监也OK了，觉得你的简历特别符合我们这个市场经理的职位，但是呢，有点可惜，我们的大老板，我们的CEO说，你面试的岗位是市场经理，以后的主要工作也是出去代表公司，和陌生客户主动交流，而那天你面试的时候，根本没有看他，也没主动和他聊，所以呢，对不起，我们大老板一票否决制，实在是很抱歉，很可惜，不好意思啊，下次有机会我还会推荐你的哦。"啊，大老板在那里，我怎么不知道？原来，第四个面试官就是CEO，根本没有人告诉我嘛！

你看，后悔没用了吧？如果穿着光鲜，前10秒你差不多赢了，但是接下来你做的事情，也有可能满盘皆输哦，一定要注意和面试官的眼神交流。还记不记得CZ老师在之前的章节给大家分享的眼神交流的案例，千万不要光看熟人、老好人、面善的人，因为那些表情严肃、目光严厉的人，反而可能才是真正的决策者，真正的大老板！

恰到好处的穿着，自信的演讲技巧。用前10秒建立基本的认同感，用后面的语言创造真正的价值。祝你面试成功！

> 第一印象很重要，面试中前10秒，决定了80%面试官对你的印象。

35

职场辩论，
不做和谐的伪君子

> 职场辩论有目标，赢得观众是首要
> 不做和谐伪君子，直面冲突不折腰

1993年，复旦大学和台湾大学在新加坡举办的国际大专辩论会的决赛上相遇，双方进行了一场轰动全国的世纪之辩。这是一场影响了一代辩论选手的史诗般的狮城舌战。在这场经典辩论之战上，复旦大学四辩蒋昌建，在最后总结陈词时，引用了诗人顾城的经典名句做结尾："黑夜给了我黑色的眼睛，但我注定要用它来寻找光明。"

此言一出，蒋昌建帮助复旦大学赢得了这场世纪之战，同时他也获得了本次比赛最佳辩手，蒋昌建一战成名。如今，蒋昌建还活跃在辩论和演讲的舞台上，他也是《最强大脑》的节目主持人。

作为国际辩论会的最佳辩手，蒋昌建一句"黑夜给了我黑色的眼睛，但我注定要用它来寻找光明"振聋发聩，给观众们留下了深刻的印象。而国际大专辩论赛也成了大学生们渴望参加辩论的舞台。近年来，辩论节目《奇葩说》也是异常火爆。在马东的带领下，除了有蔡康永、高晓松、罗振宇、何炅等大咖加盟外，年轻观众们更爱看的就是马薇薇、黄执中、邱晨、陈铭等这些曾经在国际辩论场上获得冠军的辩手们。如今，他们成了时尚先锋的代表，他们的热辣观点，博得了不少观众的眼球。当然，《奇葩说》更像是一场脱口秀，不是真正意义上的辩论，因为在这里，辩手们的目标不是说服对方辩友，而是秀出自己，让粉丝喜欢。

那么，到底什么是真正的辩论呢？

辩证法最早起源于古希腊。有一位伟大的哲学家苏格拉底，他成天在大街上、集市上讲授他的哲学，同各式各样的人讨论各种问题。在讨论中，他常常会向对方提出一系列反问，让对方回答，设法使对方陷入自相矛盾的困境，

直至不得不承认自己错了。假设你和苏格拉底辩论,情形可能是这样的:

苏格拉底问:"人人都说要做有道德的人,你能不能告诉我什么是道德呢?"

你说:"嗯,做人要忠诚老实,不能欺骗人,这是大家都公认的道德行为。"

苏格拉底又问:"你说道德就是不能欺骗人,那么在和敌人交战的时候,我方的将领为了战胜敌人,取得胜利,总是想尽一切办法欺骗和迷惑敌人,这种欺骗是不是道德的呢?"

你:"对敌人进行欺骗当然是符合道德的,但欺骗自己人就是不道德的了。"

苏:"在我军和敌人作战时,我军被包围了,处境困难,士气低落。我军将领为了鼓舞士气,组织突围,就欺骗士兵说,我们的援军马上就到,大家努力突围出去。结果士气大振,突围成功。你能说将军欺骗自己的士兵是不道德的吗?"

你:"那是在战争的情况下,战争情况是一种特殊的情况。我们在日常生活中不能欺骗。"

苏:"在日常生活中,我们常常会遇到这种情况,儿子生病了,父亲拿来药,儿子又不愿意吃。于是,父亲就欺骗儿子说,这不是药,是一种好吃的东西。儿子吃了它病就好了。你说这种欺骗是不道德的吗?"

你:"这种欺骗是符合道德的。"

苏:"不骗人是道德的,骗人也是道德的,那么什么才是道德呢?"

你:"你把我弄糊涂了,以前我还知道什么是道德,我现在不知道什么是道德了。那么您能不能告诉我什么才是道德呢?您干脆杀了我吧!"

你看,苏格拉底这样一来一回,不把你们折磨死他绝不罢休。

苏格拉底通过双方的辩论,一问一答,不断揭露对方的矛盾,迫使对方不得不承认错误,从而否定自己原来已经肯定的东西,这种论辩方法在当时很流行,人们称之为"苏格拉底法"或"辩证法"。苏格拉底是西方最早使用"辩证法"一词的思想家。

在西方,我们熟知的伟大辩手是苏格拉底;那么在中国古代,我们熟悉的最佳辩手又是谁呢?没错,你肯定想到了,诸葛亮舌战群儒。当时,诸葛亮为了联合孙权抵抗曹操，遭到东吴诸谋士的责难，但是，最后都被诸葛亮一一反驳，对方哑口无言。你想，本来刘备那么弱小，居然能够最后联合东吴抵挡住曹操的80万大军，没有诸葛亮的好口才，没有东吴的相助，这场以少胜多的战役根本不可能发生。这就说明，辩论能力强的人，真的是能够以一敌百。

我们从理论角度来理解的话，辩论也叫论辩，是人们基于自身对于某一事物认知的不同立场而展开的争论的过程。是一个批驳谬误、不断加深各方对于事物的认知而逐渐统一观点的过程。也是通过表述、论述，阐述本方观点的重要表达方式。怎么样，看明白没？没看懂就对了，我的目的就是像苏格拉底一样把你们给说晕了。

那么，为什么我们需要辩论呢？说大一点，辩论可以帮助我们格物致知，探求真理，明辨是非，捍卫真理。说小一点，辩论可以帮助我们锻炼思维，培养口才，增进了解，促进沟通。

辩论有很多形式。路上的两个人碰到了，吵了一架，那个不叫辩论。《奇葩说》里的很多辩手都参加过国际大专辩论赛，在那样正规的比赛中，需要一个人有非常强大的逻辑思维能力和很强的演讲技巧，还要非常自信。我给大家看几个国际大专辩论赛决赛的赛题，还有《奇葩说》的论题，你们看看有什么特点。

先来几个国际大专辩论赛的题目：

1993年，人性本善，还是人性本恶？

1997年，爱情是无私的，还是自私的？

2001年，钱是不是万恶之源？

2003年，顺境更有利于人的成长，还是逆境更有利于人的成长？

2005年，婚姻是不是爱情的坟墓？

再来听几个《奇葩说》的辩题：

漂亮女人该拼事业还是拼男人？

朋友圈要不要屏蔽父母？

爱上好朋友的恋人要不要追？

为了成功潜规则该不该用？

领导是傻X，要不要告诉他？

怎么样，是不是很奇葩？不过现在CZ老师要跟大家揭秘的是，不管是历年国际大专辩论赛还是《奇葩说》，你会发现，这些辩题其实都没有真正的对与错。如果是显而易见的大家都认同的真理，那就没法辩论了。比如："杀死你的领导是对还是错？"不用辩，不可以杀人。还有："该不该欺骗我的客户？"也不用辩，不可以。所以说，只有对与错不明朗的情况下，才能辩论。

让我们想一下，在职场中什么时候会发生辩论呢？最常见的场景，是在一场会议上，或者客户的谈判桌上，双方开始围绕着一个主题发表不同的意见。讲到激烈之处，可能就会产生所谓的辩论了。

请你记住，在这样的场合下，你是很难说服对方的。但是，你要说服的，其实不一定是对方，而是参加这次会议的台下的领导、同事和客户。因为对方带着偏见来和你辩论时，无论你怎么做，都难以成功地说服对方。但是，只要你说得有道理，举一反三，我相信，台下的观众就好像辩论赛的评委一般，领导也好，同事也好，客户也好，他们才是最后评判你讲得有没有道理的人。

在职场中，辩论本质上就是一场演讲。你的目的不是驳倒对方，而是要让你说的话有说服力，证明自己是对的，然后再说服观众。只有理解了这点之后，你才会更容易理解职场上该如何应对冲突了。

给大家分享一个真实的案例。几年前，一家德国企业兼并了中国的一家工厂。德国总部为了更好地融合两家企业，派了一位德国专家来视察和改进工厂的安全隐患。这位德国专家来到中国工厂后，每天在厂里面非常认真仔细地检查。有一天，他发现，所有的工人把钢材搬进厂里后，还要弯下腰去，把钢材从地上搬到机器平台上，每天这个下腰、起来的动作，可能要重复几千遍。德国专家看到了工人的健康隐患，这可不行啊，长此以往，可能会给工人带来严重的腰椎损伤。于是德国专家立刻找来了管生产的经理，告诉他，应该在机器平台边上做一个高度一致的架子，这样工人们把钢材搬进厂里后，就直接平放在架子上，工作的时候就不用每次弯下腰去拿钢材了。

听完德国专家的建议，这个经理立刻脸色发黑，一句话也没说，径直往二楼总经理的办公室走去，全厂的工人们都听到他在总经理办公室拍桌子，勃然大怒："这个德国人是总部派来挑战我的吗？没事找茬对吗？我们干了这么多年都没出过问题，他一来，这里不对，那里有问题，指挥我们这个那个的，他算老几啊？"一直到那天总经理开会的时候，德国专家还是能明显看到这个生产经理脸上的愤怒和不屑。

德国专家觉得好委屈，我是为工人们好，也为你们厂好，我又不是说你这个经理做错什么了，我只是想让事情变得更好而已，好冤！但是，生产经理这边，就是觉得德国专家在挑战他的权威。你看，一个辩论的场合就形成了。两方站在不同的立场说同一件事。

在这个案例中，我观察到一个很有意思的现象。我还记得我在美国求学的时候，经常听到美国的电台里面，两个主持人说话的方式是这样的：一个主持人说，我觉得是这样这样这样，另外一个主持人却说，NoNoNo，不是这样的，是那样的！于是两个人就互相辩论，互相反驳，不可开交。我听了很惊讶，难道两个人是在吵架吗？然后我发现换了一个节目，又是这样，互相辩论。但是最后两个主持人居然还是能很好地在一起主持节目，让人惊讶。

我想，你在国内很难听到这样的节目，因为我们是一个非常追求和谐的民族。你去看新闻节目也好，综艺节目也好，听到的基本都是：我觉得是这样的，对对对，我也是这么认为的，对对对，我觉得你说得太有道理了。你比较难听到NoNoNo这样的机会。

我们追求和谐，同时也很害怕冲突，所以你一旦听到对方指出你的问题，就会觉得很愤怒，觉得对方是指责你，挑战你，是来吵架的，你很难接受。这就是一种文化和思维模式的差异。

所以我们在职场中遇到需要辩论的时候，要保持自己的修养，告诉自己，对方不是在跟你吵架，而是在跟你探讨一个问题。请你面带微笑，正视对方的质疑，既然跟你辩论，至少说明对方关心这个问题，想跟你一起解决这个问题。所以要从正面的、积极的角度去看待辩论。

CZ老师看到太多太多的案例，很多时候我们在开会的时候一言不发，面带微笑，都同意，都支持。开完会私下里说，这个我是不同意的，那个我是不支持的。然后安排给你的工作就不愿意执行。CZ老师非常痛恨这种表面一套背后一套的人，我把这种状态称为"伪和谐"。这种当面很和谐、背后很反对的状态，会导致企业的效率严重下降，沟通扯皮成本越来越高。

最后，我建议大家，在职场中，需要辩论的时候一定要勇敢地站起来，当面说清楚，不要把问题留到会后。与其做一个表面和谐的"伪君子"，不如做一个敢于辩论的职场人。

职场中，尽量对事不对人，就能避免很多冲突。

CHAPTER

36

职场沟通，
还要避免三个大忌

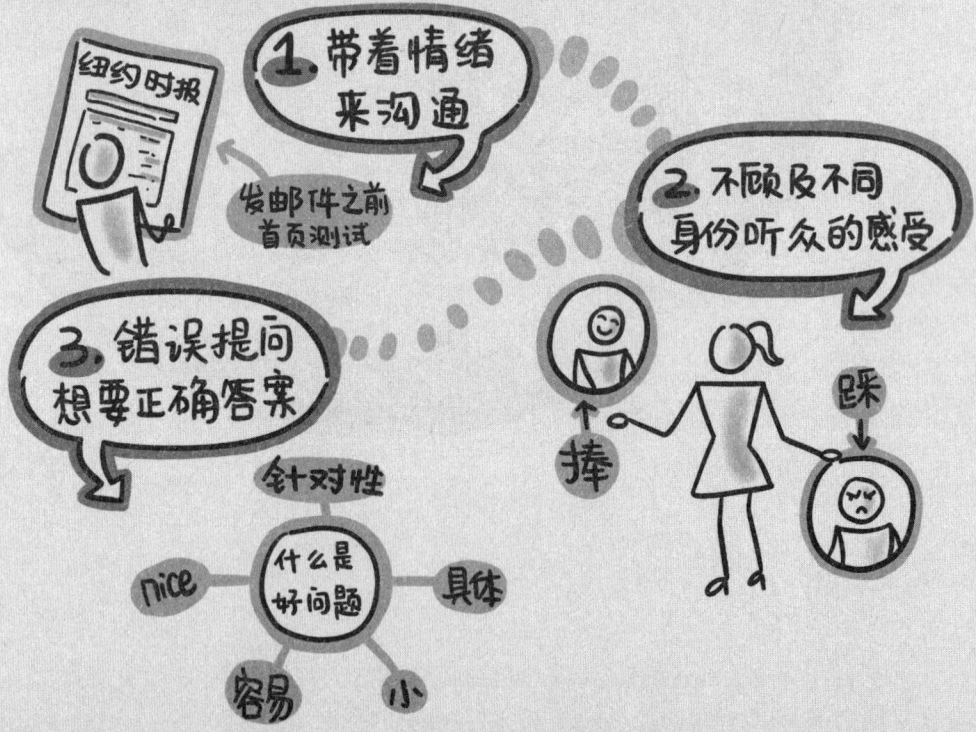

一天，某世界知名高科技公司（以下简称E公司）的大中华区总裁陆总（以下简称老L）回到办公室取东西，到门口才发现自己没带钥匙。此时他的私人秘书Rebecca（以下简称小R）已经下班。老L试图联系她，却怎么也联系不上。后来只能在保安的帮助下，打开了自己办公室的门。几个小时后，老L回到家，还是难以抑制今天被关在门外的怒火，于是在凌晨1点13分通过公司内部电子邮件系统给小R发了一封措辞严厉、语气生硬的"谴责信"。

老L在这封邮件里，用英文写道："我曾告诉过你，想东西、做事情不要想当然！结果今天晚上你就把我锁在门外，我要取的东西都还在办公室里。问题在于，你自以为是地认为我随身带了钥匙。从现在起，无论是午餐时段还是晚上下班后，你要跟你服务的每一名经理都确认无事后才能离开办公室，明白了吗？"他在发送这封邮件的同时，还抄送给了公司的所有高管。

面对大中华区总裁的责备，作为一位专职秘书，小R是怎样应对的呢？两天后，小R给总裁老L用中文回复了一封邮件，内容如下：

"第一，我做这件事是完全正确的，我锁门是从安全角度上考虑的，如果一旦丢了东西，我无法承担这个责任。第二，你有钥匙，你自己忘了带，还要说别人不对。造成这件事的主要原因是你自己，不要把自己的错误转移到别人的身上。第三，你无权干涉和控制我的私人时间，我一天就8小时工作时间，请你记住中午和晚上下班的时间都是我的私人时间。第四，从到E公司的第一天起，我工作尽职尽责，也加过很多次的班，我也没有任何怨言，但是如果你们要求我加班是为了工作以外的事情，我无法做到。第五，虽然咱们是上下级的关系，也请你注意一下你说话的语气，这是做人最基本的礼貌问题。第六，我要在这强调一下，我并没有猜想或者假定什么，因为我没有这个时间也没有这个必要。"

本来，这么一封咄咄逼人的回信已经够令人吃惊了，但是小R选择了更加过火的做法。她还把邮件抄送给了E公司北京、成都、广州、上海的所有邮件地址。这样一来，几乎E公司中国公司的所有人都收到了这封邮件。

她的这份邮件，又从E公司内部流出，并在短短的一周内，迅速传遍了几乎中国所有的知名外企。在微软、惠普、霍尼维尔、汤姆逊、诺基亚、三星、西门子、摩托罗拉、联想和通用电器等知名跨国企业中都转了一圈，被全国众多外企白领接收和转发。邮件被转发出E公司后不久，这位老L就更换了秘书，小R也被迫离开了公司。但这种局面并不是她想看到的。离职后，小R曾无奈地表示，这件事传得太广了，她都找不到工作了。她没有料到邮件会被转发出去，也没有料到后果会这么严重。

一位曾在GE和甲骨文服务多年的资深人士说，正确的做法应该是，同样用英文写一封回信，解释当天的原委并接受总裁的要求，语气注意要温婉有礼。同时给自己的顶头上司和人力资源部的高管另外去信说明，坦承自己的错误并道歉。

但是小R的做法大相径庭，并最终为她在网络上赢得了"史上最牛女秘书"的称号。CZ老师在这里不想评论秘书小R或者总裁老L谁对谁错，CZ老师只想通过这个案例，和你聊聊职场沟通中的大忌。提醒你，在职场上哪些沟通没做好，可能会影响你的职业生涯。

职场沟通大忌第一名：带着情绪来沟通

CZ老师在之前邮件沟通那个章节中，分享了一个我自己的故事。我给我美国总部的同事，发了一封措辞强烈的邮件，结果遭到了对方强烈的反弹。现在想来，还心有余悸，幸好没有被转发给总裁，否则我可能早就丢了饭碗。

当时的我，因为被我的领导指责了，所以带着强烈的情绪，写邮件的时候，也被这种情绪冲昏了头脑。如果当时发送这封邮件之前，我能冷静5分钟，5分钟以后，再看一遍，可能，我就不会发出这样一封带有如此强烈情绪的邮件了。

"最牛女秘书"案例中的两位主角也是如此。如果这位总裁能在发出邮件之前思考5分钟再发，如果这位秘书也能等5分钟后再发，可能他们俩都会发现，其实自己发的邮件是不是有点过分了呢？

要记住，信息时代，你说的每一句话，都有可能一不小心被曝光，被复制，被截屏，被发送到世界任何一个角落。你的情绪会在你无法控制它的时候，做出让你后悔终生的事情。

CZ老师给你一个方法，在发送邮件之前，做一个所谓的"首页测试"。就是说，想象一下，如果你这封邮件出现在了《纽约时报》的首页上，你觉得有没有你不愿意别人看到的内容呢？如果有，请你赶紧改一改吧，别让你的情绪控制了你，永远不要带着情绪来沟通。

职场沟通大忌第二名：不顾及不同身份听众的感受

CZ老师曾经是一家跨国公司的内部讲师。有一次，我们请来一位资深的外部讲师，给我们全国的高级经理们做一次领导力的培训，我和几位内部讲师就去旁听学习。当我们公司的HR总监为培训做开场介绍时，他为了突出这位外聘讲师的资深，说了这么一句话："今天这位培训师是我们花了很多钱，从外面请的非常专业的老师，大家一定要珍惜，不像今天在后排我们自己公司上领导力课程的王老师，王老师是免费的哦。"听完这句话，我转过头去看了一眼我身边的王老师，他的脸色变得铁青。如果你是王老师，你是什么感受？如果是我听到的话，我肯定觉得自己原来在HR总监眼中是免费的，没什么价值，也就意味着，王老师的课大家来不来无所谓，听不听没关系，反正都是免费的，而台上这位外聘的老师，才是真正的高手。

不出一个礼拜，王老师就离开了我们公司。我想，他在那一刻内心受到的伤害，不是给他高工资就能补回来的。我相信，在那个瞬间，我们的HR总监可能并不是真的觉得王老师的课程没有价值。但他为了开场捧一下外来的专业讲师,却用了贬低另外一个老师的方法来达到效果。虽然这位外部讲师可能很开心,却深深地伤害了台下的另外一个人。

所以我们要注意,你面对的听众可能有不同的身份。演讲的时候,一定要顾及不同身份听众的感受,绝不能通过讽刺挖苦其中一类人,来满足听众中的另外一类人。即使你是要开玩笑,也一定要注意玩笑的分寸。

职场沟通大忌第三名：错误提问却想得到正确答案

在职场中,我们免不了要向别人提问。特别是跨部门的沟通,一项工作需要涉及不同部门的配合,用错了提问方法,简直就是"鸡同鸭讲",无法传达信息,落实任务。为什么你问的问题,别人不愿意回答？很有可能,是你问错了问题。

让我们假设一下,你是一位人事经理,给新到岗一个月的同事开个会,了解一下他们的情况。如果你问大家："进公司一个月了,你们大家觉得我们公司怎么样？"

公司怎么样？这个问题,该怎么回答呢？ CZ老师也不知道该怎么回答,就算回答,也只会说"很好,挺好"之类的。可这并不是你想要的答案,你想要知道的是他们对公司的具体的评价啊！为什么他们不会给你你想要的答案呢？原因很简单,你的问题太大了,无法回答。

如果换个方式提问："大家觉得公司食堂的饭好吃吗？""嗯,我觉得总体不错,就是偏辣了些,我是南方人,有点吃不惯。""嗯,我觉得还可以,就是有点重油重盐,如果可以清淡些就更好了。"

"公司的班车每天都准点吗？""嗯,挺好的,基本上都8点55分到公司楼下,很准时。"

"这个月安排的培训课程,对大家有帮助吗？""有有有,我觉得帮助很大,很受用。"

怎么样,这样提问,是不是更容易得到大家的反馈呢？你问的问题越有针对性,越具体,对方就越容易回答。有技巧的提问,就是要先问有针对性的小问题，问具体的、容易的问题，不要问得太大太难，这样才能得到你想要的答案。

当然，如果你问的问题很尖锐，也一样得不到你想要的答案，所以，要把尖锐的问题，换一个友好的方式来提问。

著名节目主持人杨澜，有一次要去采访美国前总统克林顿。导演和制片人说：杨小姐，你一定要问问他莱温斯基的事情。杨澜感到有些为难，即使是一位离任的总统，也应该得到尊重，怎么去问人家这种难堪的问题呢？不过，为了完成这个艰巨的任务，杨澜做足了功课。了解到克林顿离任以后，建立了克林顿图书馆，并在图书馆里设立展厅，展示了莱温斯基事件的始末。

于是，杨澜就大胆地问克林顿："通常，总统们在自己的图书馆里都会布置那些让自己感到非常骄傲的历史，您为什么要设计这样的一个展示呢？"克林顿不愧是有涵养的政治家，他直面这个问题，说他的目的，是要告诉后人，美国党派之争的恶性发展。杨澜又问道："您在自传里说过，在莱温斯基事件初期，您一直过着双重生活，什么时候您才从这种痛苦中解脱出来的呢？"

这时，克林顿毫不回避地说："因为我从小生活在一个父母离异、充满暴力的家庭，我觉得别人不会理解我，我只有自己来处理自己的痛苦和麻烦，所以，我一开始拒绝任何人进入我的空间。但是，我最终决定把真相告诉我的妻子，我突然觉得我的痛苦解脱了，可以面对任何人了。"

杨澜不愧是主持界的高手，这场对话非常流畅、和谐，没有任何挑衅的、不愉快的部分。如果你要问对方一个比较难以启齿的、可能让对方不愉悦的问题的话，做足功课，换掉尖锐词语，或许就能助你一臂之力。

总结一下，在职场上有很多大忌，我们要做的有三条：第一，控制好沟通情绪；第二，一定要顾及不同身份听众的感受；第三，正确的提问才能得到想要的答案。祝愿所有的读者朋友们，在职场中，无论在怎样的场合，都能克服紧张，坚持练习，自信表达，出口成章。

> 职场沟通忌讳多，这只是其中三个。很多还是要靠大家在实践中总结。